生まれ変わり

Eさんは二十代後半のシングルマザー、幼い頃から妙なモノを見ているとのこと。

「死んだ人っぽいのとかだけじゃなくて、変な光る玉とかも見るし、誰もいない空き地から人の音が聞こえてきたりもするし、いろいろ」

意識していなくても、なんだかんだでそういうモノを察知してしまう性質らしく、日常的に不思議な体験をするのだが、自分の見たモノ聞いたモノを周りの人に言っても理解されたことがないため、黙っているという。

「小学校の時は嘘つきがアダ名みたいになってたし、先生にもよく怒られた、でも見えんだから仕方ないじゃんね」

そう言いきる彼女に、これまで見た中で一番怖かったモノは何かと訊いてみた。

「怖いっていうのはあんまりないな、あぁでも、どうするか悩んだって意味では、手こずらされたのはいる」


その頃、彼女が頻繁に見ていたモノは、中年の男。

「小太りのさぁ、禿《は》げたオッサンでね、スーツ着てて」

それは、突然Eさんの前に出現し始め、そのつど彼女に向かって深々と頭を下げた。

「こっちは頭下げられる覚えないし、なんでアイツあんなに丁寧なんだろうって。まぁそれまでも、ずっと同じ動作を繰り返してる幽霊っぽいのは何度も見てたし、それのナカマなのかなぐらいに思ってた」

男はEさんの行く先々に現れ、彼女が目を向けると、ゆっくりと頭を下げる。

まるで彼女にかしづいた親衛隊のように、礼儀正しい身のこなし。

「ちょっと離れたところにいんだよね、一定の距離以上は近づいてこなくて、遠くで見守ってますよ的な？　最初はそういう感じだった」

職場、旅行先、買い物の最中、おや？　と思った視線の先にはお辞儀の男。

「なんて言うんだろ、ちょっと恥ずかしそうな、あれコイツ私のこと好きなんじゃね、っていう、そんな顔してて」

彼女によれば、そういう幽霊的なものに関心を向けられたことは、それまで殆どなかったのだそうだ。

「ああいうのは自分の理屈しかないんだと思う。話っていうか、コミュニケーション？とかは基本無理なんだよ、だから放っておいたんだけど」

ある朝目覚めると、男は彼女の部屋の隅で美しい土下座をキメていた。

「いやビビったよね、それまで部屋に出てくることなかったのに、急にだもん。変な声出しちゃった、すぐ消えたけど」

隣では出会って半年、つい最近付き合い始めたばかりの彼氏が寝息を立てている。

その横顔を見ていて、彼女はふと気付いた。

「あれ、そういえばアイツが出るようになったの、コイツと知り合ってからだなと」

しばらくのあいだ、毎日のように顔を合わせているアイツとコイツ。

その後も、彼氏と過ごした夜が明けた朝には、男は部屋の隅に土下座で現れた。

「えー、嘘でしょって、なんとなくわかっちゃったんだよね、ホラ、私そういうのに敏感なタイプだから」

後に、彼女はその彼氏と結婚し、一児をもうけた後に離婚している。

「子供できるまではずっと見えてたんだけどさ、例のオッサン、私が妊娠してからはパタッと出なくなった、やっぱりなって、多分そうなんだろうなーと」

Eさんの弁を要約し繰り返すと、お辞儀の男は、子供の父である元夫と知り合った頃に現れ始め、その元夫と一夜を明かすたびに部屋の隅で土下座をしており、子供を身籠ったタイミングで出なくなったという、つまり――。

「ねー、悩んだんだけどさー、いつまでも土下座かまされるの嫌だったし、半分は諦めたみたいな気持ち。うん、多分、あのオッサン、元気に生まれてきたよ、私のお腹から」

今では普通に可愛いと彼女は笑った。

溜まり場で夕方

今から二十年前、C君が高校生だった頃の話。

一時期、C君たちは郊外の潰れた自動車学校に溜まっていた。

「スケボーやったり、チャリでレースしたり、潰れて日が浅い車校だったから、教習コースはぜんぜん綺麗で、面白かったんだ」

無許可で侵入し勝手に遊んでいたわけなので、見つかれば怒られることは覚悟していたそうだが、結局、最後まで見つかることは無かったと語る。

「見つかって怒られる前に行かなくなったから、トータルで三ヶ月ぐらいじゃないか、あそこでたむろってたの」

お気に入りの溜まり場を見限ったのにはわけがあった。

その日も、C君は友人三人と連れ立ってワイワイ騒いでいた。

昼過ぎから遊びだし夕暮れ時、そろそろ帰り支度を始めたあたりで、友人のH君が「ションベンしてくる」と、小走りで教習コースの端へ行った。

「だいたい五十メートルは先だったんじゃないかと思う、暗さに紛れて、ちょうど誰なのかわからなくなるぐらいの距離だったから」

するとと、見送ったC君の背後から、さっき放尿に向かったH君が「もう帰ろうぜ」と声をかけてきた。


「あれ、お前あっち行ったよな？」

「行ってねえよ」

「え、だってお前アレ」

「あ？」

「なんだアレ　誰だアレ？」

側にやってきた他の二人も騒ぎ出し、夕闇の先、いないはずの五人目に目をやった。

「こっち側には四人いるし、じゃあさっきのアイツ誰よ？　ってなって」

状況を聞いたH君はしきりに「帰ろう、帰ろう」と言い募ったが、C君はじめ他の二人はその事態に盛り上がり、立小便をしているもう一人のH君に向かって歩き出した。

「いや、なんかわかんねえけど、ちょっと興奮してたと思う、そんな経験なかったし」

顔を見合わせながら、少しずつもう一人のH君に近づいていく。

こちら側のH君の「帰ろう、戻ろう」という声を手で制しながら、ゆっくり歩みを進めていくと、やがて、あちら側のH君が声をあげた。


「なんだ、どうした？」

「帰ろう……あっ」


こっち側とあっち側、二人のH君の声が交差した瞬間、C君の隣にいた「こちら側のH君」の姿がパッと消え去った。

「え？　って隣見たら、ついさっきまで並んでたHがいなくなってて、そんで向こう側からもう一人のHが歩いて来たもんだから固まっちゃって」

同じく並んで歩いていた友人二人も、体を強張《こわば》らせ身構えていた。

やってきたH君は「なに？　なんなの？」と困った様子。

C君たちにしてみれば油断できる心境ではなかったものの、眼前で怪訝な顔をしているのはH君そのものであり、そうである以上、彼が本物とするしかない。

「いや、だって目の前にいるからさ、こういうことがあったって、説明したんだけど、Hはドッキリかなんかだと思ったみたいで『馬鹿かよ、つまんねー』って」

まったく腑《ふ》に落ちないまま、状況を受け入れるしかなかった一行は、ギクシャクしながら廃自動車学校を後にした。

「どうもこうもないよね、Hは目の前にいるんだから、消えた方がニセモノっつーか……ただ俺は「こっち側のH」が最後に『あっ』って言ったのを聞いてもいて、あの声がずっと気になってる、なんであんな怯えたような声出したのか」

以上のことがあったため、彼らはそこを溜まり場にするのをやめた。

「人が死んだとか、幽霊が出るとか、そんな噂なんて聞いたこともない場所だよ、なんだったのか、今でも謎だ」

当初はこの件を一笑に付していたH君だったが、C君たちが何度も「本当のことだ」と力説した結果、今では彼自身がこの話を一番怖がっているそうだ。

地鎮祭のあった日

現在三十代の女性Tさんが、まだ高校生だった時の話。

「その頃、畑しかなかったうちの周りにどんどん家が建ち始めて、中には単身者のアパートなんかもあったから、昔のようにご近所さん全員顔見知りっていう状況じゃなくなってきてたんだ」

ゴミ集積所のトラブルや、深夜の騒音など、それまで無かった悩ましい問題が起きはじめており、治安の面でも不安が出てきていた。

「変わるものは、ほんと瞬《また》く間に変わっちゃうんだよね」

高二の秋、週末、彼女はのんびりと読書をしながら夜長を楽しんでいた。

同居の両親は既に寝室で休んでおり、すっかり静まりかえったT家。

「そしたら、家の外から怒鳴《どな》り声みたいなのが聞こえてきて」

滑舌《かつぜつ》の悪い人が異常に興奮しているような具合で、何を言っているのかわからない。わからないが、とにかく何か怒っている。

「それまでも、夜中に車の音がブンブンうるさいとか、酔っ払いが騒いでるとかはあったの、でも、そんな声が聞こえてきたのは初めてだったから、ビクっとしちゃって」

外からの大声に、彼女は自室に居ながら体を強張らせた。

「だってさ、男の人が本気で怒ってる感じだったんだよ、それも二人、言い争いでもしているようなテンションで」

いささか治安が悪くなったことは自覚していたが、都会でもあるまいし夜更けにケンカとは物騒だ、一体何を争っているのか。

「内容は聞き取れなかった、そもそも日本語じゃなかったかも。じゃあ何語だよって言われると困るんだけど、南の方の国の言葉みたいな感じかなぁ……それで逆に興味が湧いて、ちょっと見物してやろうと」

こちらの姿が気取られぬよう部屋の電気を消し、声が響いてくる方の窓を少し開けて様子を伺う。見れば、近所の家々にも既に明かりはなく、周囲はひっそりとした夜の空気に包まれている。しかし、そんなことなどお構いなしに聞こえてくる怒鳴り声。

「道路を挟んだ斜向かい、売れ残った宅地なんだけど、その辺から聞こえてきてた」

街灯に煌々《こうこう》と照らされた空き地に人影はない、しかし、何かいた。

人の背丈ほどある筒状の黒いものが二本、ゆっくりと伸びたり縮んだりしている。

あれはなんだろう、Tさんはじっと目を凝らす。

「何かの影かとも思ったんだけど、ゆっくり動いているから、それ自体が立体的なもののようだった、見れば見るほど意味不明というか、気持ち悪くて」

二本の円筒形は氷の上をすべるように滑らかな移動を繰り返している。

怒鳴り声は、どうもその二本が発しているように感じられ、いてもたってもいられなくなった彼女は、階下で眠る両親のもとへ駆け下りた。

――何か変なのが怒ってる！

突然そんなことを言って寝室に飛び込んで来た娘に対し、彼女の父母は眠い目をこすりながら怪訝な表情を向けたが、結局、勢いに負けて二階について来た。

「アレ！　アレ見て！　って言ったんだけど、二人とも何も見えないみたいで、それどころか怒鳴り声も聞こえないって」

彼女の目には映っているし、声が聞こえてもいた。

「『お前大丈夫か？』って父が言ってきたんだけど、こっちからすればアレが見えないし聞こえないってことの方が信じられないわけ」

しかし考えてみれば、これだけうるさいにもかかわらず、近所の人たちから何の反応もないのは不思議だった、何より、アレはどう考えても常識的なものではない。

「若い男の人たちも近くに住んでいたから、一人ぐらい注意というか、外に出て様子見るぐらいの動きがあってもいいんじゃないかと思ってはいたんだよ」

心配顔の両親を安心させるため「寝惚《ねぼ》けていた」と嘘をついてその場を取り繕いはしたものの、再び一人になった自室には、まだ外から怒鳴り声が響いてきている。

そのうち、不安になってきた。

あれは、ホントにケンカなのだろうか？

内容もわからないのにどうして罵《のの》り合いだと思ったのだろうか？

両親に聞こえない以上、これは自分の個人的な体験である。

そうであれば、他人事とも限らない。

「だんだん怖くなってきて、やっぱり、親の所へ行こうかと思ったところで」

フッと声が止んだ。

「その場から、声だけが急になくなったみたいだった、あの変なのがどうなったのかは確認してない、もう窓を開ける気にならなかったから」

寒気を覚え、彼女はそのままベッドにもぐりこんだ。


翌朝、リビングに下りると、両親が心配そうな様子で話しかけてきた。

誤魔化したとはいえ、夜中に妙なことを騒ぎ立てたのだから、当然の反応ではあった。

もっとも、内容が内容であったため、Tさん自身も、あるいは本当に寝惚けていたか、夢のようなものだったのではという気がしてきていたそうだ。

二言三言、適当に話を合わせているうちに、母親が気になることを言った。

「斜向《はすむ》かいの空き地、家を建てることが決まって、その日の昼間に地鎮祭をやったばかりなんだって。それ聞いて、関係はわからないけれど、昼間にも特別なイベントがあったんだなって思ったな」

幸いなことに、そんなことはあの夜だけで、その後、妙なできごとは起こっていないとTさんは言う。

ただ、家を建てるために地鎮祭を行ったはずの斜向かいの空き地には、十数年経った今でも何も建っていないとのこと。

酷《ひど》い前フリ

　昨年、Ｆさんはとある怪談会に参加した。

「地元の読書サークルが企画したもので、恐らく参加者は少ないだろうからと、主催側の友人からお呼ばれしていたんです」

　しかし、小規模ではあるが外に告知を出したのが良かったようで、予想とは裏腹に、最終的には二十数名の参加者が集った。

「集まっても身内だけ、せいぜい十人ぐらいのものだと聞いていたので、行ってみて驚きました。ずいぶん人がいるなって」

　参加には事前予約が必要であり、主催である彼女の友人は当然その人出を知っていたが、人数を伝えてしまうと、怖気《おじけ》付いたＦさんが参加を取りやめてしまうかもしれないと危惧し、予約者数は当日まで伏せられていたらしい。

「せっかく場所を確保したんだから一人でも多く参加者を集めたかったたって、私は人見知りなところがあるので、そんなに集まるとわかっていたら、確かに参加するかどうか微妙な判断だったたと思います」

知らずに出向いてしまったFさんは、なし崩し的に参加させられたのだが、蓋を開けてみれば和気あいあいとした、雰囲気の良い集まりとなった。

会場は行政が管理している地元の大きな古民家、怪談会の舞台としては申し分ない。内容も充実しており、自分の体験談を話す人もいれば、地元の秘史を怪談調で話す人、怪談本の朗読をする人まで、バラエティに富んだ構成で、大いに盛り上がったとのこと。

「そのうち、私も熱に浮かされたようになってしまって、ちょっとしたことでしたけど自分の体験談を語らせてもらおうかなと、珍しく人前に立ったんですね」

主催である読書サークルの人間が十人程、それ以外の十数名は一般の参加者であり、普段の自分なら絶対にそんな気にはならなかっただろうと彼女は言う。

ようは、それだけ夢中になれる環境が成立していたわけである。

話者用に用意された座布団に座り、二十数名と一人で対面する形となった彼女が、自分の話を披露しようと口を開いた時だった。

「その場が、急にザワついたんです」

出鼻を挫《くじ》かれ、口を開けたまま周囲を見回すFさん。

——今、女の人の悲鳴でしたよね？

——聞こえた、聞こえた。

——演出？　じゃないよね？

そんな声がところどころから聞こえ、会場は騒然となった。

進行役を司っていた彼女の友人が慌てて立ち上がり、状況を仕切るべく「今、女性の声が聞こえたという方、挙手してもらっていいですか？」と訊ねた。

参加者の中から次々に手が挙がる。

一人や二人ではない、更に。

「パッと見、十人近くの方が手を挙げていたんですが、それ、全員男性だったんです」

中には青い顔をした、主催側の人間もいた。

男女比で言えば女性の方が多かったという会場で、なぜか男性だけがその悲鳴を聞いたらしく、女性で挙手した人間は一人もいなかった。

サプライズ的な演出であったり、誰かが実際に悲鳴をあげたのだとすれば、全員がそれを耳にしているはずであり、男性だけに偏《かたよ》るわけがない。

　実際、Ｆさんには何も聞こえなかった。

「そしたら私の友人が『怪談会ですから、こういうこともあるかと思います』と、明るい口調で調子の良いことを言っちゃって」

　結果、場は一層盛り上がってしまった。

「考えてみれば、集まったのは予約してまで参加した人間と、わざわざ会場を借りてまで怪談会を開いたメンバーなわけで、みんなお化け好きなんですよね」

　そしてどうやら参加者たちは、悲鳴が聞こえたのはＦさんが披露しようとしていた話に原因があると考えたようで、壇上の彼女へ向け、大きな拍手が巻き起こった。

「いや、あんなに期待された目で見られたのって、人生で初めてでした。ほんと、もう帰りたいって、あの時ほど思ったことないです」

　Ｆさんが披露したのは、子供の頃に可愛い小人を見たという話だったそうだ。

合理の蚊帳

二十代の男性、K君から伺った話。

数年前のこと、初秋の土曜日。

「飲み会が終わったのが深夜二時頃だったんで、家に帰るのもかったるくて、ちょうど近くに住んでるって言うもんだから、ちょっと泊めてくんねえかなって言ったんです」

交渉の相手は会社の後輩S君、特に親しいわけではなく喫煙所で立ち話をするぐらいの間柄。

その夜は酔っていたせいもあり、K君はずうずうしくなっていた。

「そしたら『いや、うち虫出るんでやめといた方がいいっすよ』っつんで。じゃあ別に虫を気にしなければいいの？　って言ったら『それなら』と」

ゴキブリでも出るのだろうか？　家を散らかしているタイプには見えないが、男の一人暮らしならそんなものかも知れない。

夜道をホテホテついて行くと、やがて庭付きの平屋建てに辿り着いた。

「てっきりアパート暮らしだと思ってたんで、お前一軒家借りてんの？　つって」

聞けば、そこそこ便利な場所に建っているにもかかわらず、随分安い賃料で貸してもらっているらしい、二間続きの2DK。

「台所も片付いてるし、玄関から見る限り虫なんて出そうもない雰囲気でしたけど、中に案内されてちょっとビビりました」

左手奥の座敷に敷かれている布団、その周りに蚊帳《かや》が張ってあった。

「ああ、虫って蚊のことかと思って、だったら途中のコンビニで虫刺され予防のスプレーでも買ってくればよかったなって言ったら『蚊じゃないっすよ』ってSが」

いやいやいや、じゃあ布団の周りをしっかり守っているアレは何なんだ、K君がツッコむと、あれは蚊から身を護るためのものではないと言う。

S君の弁によれば、どこから入ってきたものなのか、毎日のように部屋の中を小さな甲虫が飛び回っているせいで、壁や蛍光灯の傘などに当たってうるさいとのこと。

「あんまり虫が得意じゃないから、寝ている時に顔に集《たか》られたりしたら怖いってんで、わざわざ蚊帳を張ってると、大袈裟だなとは思いました」

しかしそれなら蚊に刺されることもない、小さな虫が壁に当たる音ぐらい問題ないだろう、時間も時間である、話もそこそこにお互い寝ることにした。

「ソファーがあったんで、電気消して、その上で横になったんですが」

確かに、何か聞こえる。

言う通り、異常に壁や蛍光灯の傘が鳴る。

それどころか、生木を裂くような妙な音もする。

「アレ、これ虫じゃねえんじゃねえのって」

寝入りばなを挫《くじ》かれ、やや過敏になった神経で暗い部屋の様子を探る。

なるほど蛍光灯の傘はよく鳴るようだ、だが既に明かりは消してある、光に集まる虫であるのならば、この状況で蛍光灯に集る理由はない。

それに、この家に入ってから、そんな虫が飛んでいる様子を自分は見ていない。

これだけ音が鳴るのなら、電気を消す前に何匹も視界に入っていていいはずだ。

酔っぱらっているとはいえ、すぐに電気を消したとはいえ、どうもおかしい。

「それで起き上がって、もっかい電気を点けたんです」

気付いたS君が床に就いたまま「ね、うるさいでしょ」と言う。

返事もせず部屋の中を見回すK君。

「いや、これ絶対虫じゃねえぞと」

電気を点けてからも断続的に音は鳴り続けている、蛍光灯付近からも聞こえてくるが、傘に虫が当たっている様子はない。

「Sに『お前これ平気なの?』って訊いたら、駆除剤焚いてもスプレーふってもいなくならないから諦めてるって、そういう問題じゃねえだろと」

虫だったのなら効いただろう、だがこれは違う。

「霊感なんて無いっすけどね、あん時はちょっとキましたね。まるで自分たちが寝る夕イミングを見計らったように音がしはじめたのもそうですけど、Sには生木を裂くような音が聞こえてないらしいってこともわかって」

やめておいた方がいいと言われながら、それでもと言って泊めてもらった以上、S君の睡眠を妨害するようなマネはできない。

再び明かりを消して横になると、止まない音に煽られつつ、K君は二時間程耐えた。

「嫌なもん見たりしたら無理だったでしょうけど、まぁ音だけっすからね。そんで五時過ぎ頃かな、外が明るくなったから」

寝息を立てているS君のスマホにメッセージを送り、K君は自宅へ帰った。


「その次の日、会社の喫煙所でSに会ったんで、話したんですよ」

S君によれば、彼の借りている平屋建ては、不動産屋ではなく、知人の口利きで紹介されたものだという。

格安で借りている上、知人の顔もあって苦情も言い難いため今は我慢しているが、半年後の契約終了時には、即引っ越すつもりでいるとのこと。

「ヤツはあくまで音が鳴るのは虫のせいだと思っているようだったので、どうかと思ったけど俺言ったんですね、あれ虫じゃねぇから早く引っ越せって。そしたら——」


——やっぱり何か見えましたか？

「急にそう言われて、え？　つって、俺の方がうろたえちゃって、何かあるの？　って訊き返したんですけど」

S君は「安く貸してもらってる義理もあるんで」と前置きした上で多くは語らず「いや、虫だと思いたかったんですけど、ちょっともう厳しいな」そう言って頭を掻いた。

「もしかしたら音だけじゃなく、ヤツは実際に何か見ていたのかもなって。でも普通有り得ないじゃないですか？　引っ越せって言った俺が言うのもなんですけど、妙だなと思っても誰だって先《ま》ずは合理的に解釈しようとしますよね。その結果が、Sにとっては虫で、虫だったら蚊帳かなって、まぁ虫なんて飛んでないんでね、ズレてますけど、そのズレ方含めて何かね……」

K君がS君から引っ越しの報告を聞いたのは、それから間もなくのこと。

今でも喫煙所で軽く雑談をするが、お互いこの話には触れないそうだ。

誰なのか

「女の霊が出るっていう話で、はい、夢にまで出てくるとか、色んなことが言われてましたけど、違うんですよね、あそこの家、空き家になる前は引きこもりの息子と、その両親が住んでいて、母親がある日失踪したんです、ええ、それで、現実を悲観したのか旦那さんが首吊って、うん、それで引きこもりの息子が出て行って、それで空き家になったんです。だから亡くなっているのは旦那さんだけなんですよね、女の霊関係ねーっていう。噂なんてそんなもんですよ、え？　可能性？　それ考えだしたらキリないっすよ、もともと女の霊が出てたからそんなことになったとか、色々言えますもん、は？　奥さんの方？　いや、どうなったんすかね、ええ、何か突然いなくなったって、前日までは近所で立ち話とかしてたようですよ」

現実的理解

その日、会社員のＤ氏は仕事を終え、一人暮らしのワンルームに帰宅した。

途中のコンビニで購入した缶ビールを開け、テレビをつける。

特に面白くもない番組を流しつつ酒を口に含んでいると、少しずつ酔いが回る。

仕事の疲れもあったのか、ぼんやりしているうちに眠気がさしてきた。

「それで、そのまま眠ったと思ってたんですが……」


気が付けば、見知った川で釣りをしていた。

渓流釣りは、子供の頃から続けてきたＤ氏の唯一の趣味である。

――おや、これは夢だな。

そんな自覚がぼんやりあった、さっきまで自分の部屋に居た記憶も。

しかし釣りとは良い夢だ、D氏は良い気になって釣り糸を垂らした。

すると川上から「おい」という声が聞こえる。

近くの鉄橋に、首を吊った人間の死体がぶら下がっているのは知っていた。

「でも夢だしなぁって」

首を吊っているくせに、それは時々ブラブラ揺れたりして緊張感がない。

退屈でもしているのか気まぐれに言葉を発し呼びかけてくる。

「おい」「おっす」など。

夏の日中である、もう死んでいる人に用などなく、釣りの方が大事だ。

D氏は呼びかけを無視し、一人釣り竿を振るう。

なかなか良いサイズの岩魚《いわな》や山女魚《やまめ》が釣れ、気持ちも盛り上がる。

「おい」鉄橋からは変わらず声が聞こえてくる。

根負けしてそちらに目をやると、少し首が伸びたようになった体が、風にそよがれ優しく揺れている、弛緩した四肢《しし》は垂れ下がり、どこか涼し気である。

それが男なのか女なのか、D氏の位置からは判断できない。

呼びかけてくる声は潰れ汚く、男のようでも女のようでもあった。

首を吊っているのだから仕方ない、喉も駄目になっているのだろう。

変わらず、汗を拭いながら魚を釣り続ける、キャッチアンドリリース。

青空、川のせせらぎ、セミの声と呼ぶ死体。

文字通り夢中になって日暮れ、なかなか目覚めない自分。

「あれ、と、これ夢だったよなって」

夢でも疲労はあった、そろそろ家に帰らなくては。

釣り竿をたたみ、道具を片付けて渓谷を上ってゆく。

西日に照らされた死体は陰になり、水っぽく、ぐったりと垂れている。

「おい」と呼ばれたが、返事をする理由がないので車に乗って帰宅。


「そこから続いて、今です」

あの日、死体に呼びかけられながら釣りをした夢、その夢の中でD氏は家に戻り、風呂に入ってビールを飲み、目覚めないまま眠気に負けて、夢の中で寝たという。

そして次の日、起きてみれば、自分の部屋には釣りに行った夢のままの痕跡があった。

「この現実は、夢の中と地続きでした、今の私は、夢で釣りに行っていた私なんです」

半面、夢を見る前、会社から帰ってきてビールを飲んでいた記憶もある。

その記憶があった上で、今の彼はあの日、釣りに行った夢の延長に生きている。

「つまりですね、私はまだ夢から覚めていないんです」

仕事や私生活には、なぜか齟齬《そご》がない、むしろ夢を見る前、部屋でつまらない番組を見ながらほろ酔いになっていたあの時点が夢だったのか、とも思う。

「でもそうなると、鉄橋で伸びていた首吊り死体に呼びかけられながら釣りをしていたことが現実になってしまうんですね」

それは普通にあり得ない、あり得ないから夢だとするしかない。

でも夢だとすると、自分はまだ目覚めていないことになる。


今の現実を認めることは、首吊り死体からの呼びかけを肯定すること。

首吊り死体からの呼びかけを否定することは、今の現実を否むこと。

「すでに生活している今の現実は否定できません、だとすれば首吊り死体に呼びかけられたことを認めるしかないんです。なので、一応調べてみました」

確かに、例の鉄橋において、十数年前に首吊り自殺はあったのだそうだ。

しかし、彼が釣りをしていたのは数年前、その時点で遺体などない。

「あり得るとすれば、幽霊だったのかなと、そう思うしかないです。首吊り幽霊に呼びかけられて、頭がどうにかなった挙句、それを夢だと思い込むべく別な記憶を捏造した、というのが、一番現実的な理解になってしまいます。そうじゃなければ、今この時点がまだ夢の中ということですからね。私の感覚的には、その方があり得ない」

D氏は、以上の理解のもと、今も暮らしている。

不安ではある、と言う。

嫌っていた人もいるのでは？

地方の企業に勤めるUさんという三十代の女性から伺った話。

「地元の会社なので安心感がありますし、待遇面でも不満はありません」

大卒後に故郷に戻って十年、今ではすっかり中堅社員。

仕事と子育てを両立し、その上で地域作りの活動も行っている。

妙な話とは無縁とも言えそうな彼女だが、気になっていることがあると語る。

「気のせいならいいんですけれど……なんというか……」

彼女の勤める会社は、地元では老舗《しにせ》の部類に入る。

「今の社長が三代目です。お祖父《じい》さんが創業して、お父さんが大きくした会社を、そのまま息子が継いだっていう形ですね」

現社長も人柄の良い人物で好感が持てるとのことだが、前社長はそれにも増して社員から支持されていた。

「経営者として抜群の腕だったと聞いています、今の会社があるのは前社長のおかげだと、古い社員は全員口を揃えたように言っていましたから。私が入社した段階では立場を息子に譲って、代表権のない会長っていう扱いになっていましたけれど、毎日パリッとしたスーツを着て出勤していました」

業務の采配は息子に託し、社史の編纂《へんさん》などに取り組んでいたそうだ。

「会長室には会社の資料だけでなく、地元の郷土史料なんかも沢山《たくさん》あって図書館のようでしたよ、地元に根付いて会社を大きくしてきた方なので郷土愛も人一倍で」

Uさんにも新入社員の頃から常に敬語で接し、偉ぶることなど一度も無かった。

彼女はそんな会長のことを人間として尊敬していたと語る。

「優しいお爺ちゃんって雰囲気なんですけれど、話をしているとその端々《はしばし》から深い教養が感じられるんです、会話をする度に勉強になるなぁって思っていました」

嫌っていた人もいるのでは？


そんな会長が亡くなったのは、昨年の事。

「事務所で仕事をしていたら、ドタドタっと何かが崩れるような音がして」

数人の社員が声をあげて音のした方に駆け寄っていく。

続いたUさんが見たのは、社員の足元に転がる白髪交じりの禿頭だった。

「会長室の引き戸が半開きになっていて、戸のレール上に頭が乗っていました」

声をかけるも、会長は大きな鼾《いびき》をかくばかりで何の反応も返さない。

「頭かもしれないから動かすな！」と誰かが言い、それから救急車が来るまでの間、社員たちは倒れ込んだままの会長を黙って見守り続けた。

「結局、その日のうちにお亡くなりになりました」

※

話の流れからして、その亡くなった会長が「出る」ということだろうか？

Uさんに訊ねてみると「いえ、どうなんでしょうか……」と突然口ごもる。

続きを促すも、どう言ったものかという様子で頭を抱えつつ、長考の構え。

会長職となった後も社員からの尊敬を集めていた存在が、その死後も会社に出勤してくるというような話なら、怖いどころか、むしろ心強い。

「ええ、まぁ、そうですね……会長が幽霊になって会社にいるとして、生前のように颯《さっ》爽《そう》と社内を歩いていたり、あるいは声掛けをしてくれたり、そんなことがあるのなら歓迎なんですけれど……」

なんだろう、歓迎されないような「出かた」をしているのであればぜひ聞きたい。

社史の編纂半ばで倒れてしまった故に、それを無念に思って社員に取り憑き、夜な夜な資料のまとめを強制する、という展開もあるかも知れない。

「いえ、いくら幽霊になったとしても社員に危害を加えるような方ではないです」

そうキッパリ言い切った後で、Uさんは続けた。

「会長室の引き戸が、時々何かに突っかかったように閉まらなくなるんです」

はて、それと会長の死に一体どういう関係が？

「ですから、その、会長は引き戸のレールの上に頭を横たえて倒れこんでいたので、もしかしたら、今でもそのままというか、挟まっているのかな、と思ってしまって……」

※

会長の死後、会長室として使われていた部屋は会議室となり、今では会議のたびに様々な社員が出入りするようになった。

その際、引き戸を閉めようとすると、レール上に異物など無いにもかかわらず、まるで何かにぶつかってでもいるかのように閉められなくなることがある。

「もちろん、何も無いわけですから、何度か力強く戸を引くと閉まることは閉まります、でも、そのたびに見ていて嫌な気持ちになるんです」

どうなのだろう。異物が無くても、建付けが悪いとかレールの滑りがイマイチという理由で閉まり難くなったりもするのだし。

「そのへんも、一度業者の人に見てもらってるんですが、異常はないと……」

通常は小指一本でもスルスル開閉できる戸であるそうだ。

「どう考えても変なんですよね、閉まらなくなるっていうことが考えられないぐらいスムーズな戸なのに、何かの拍子にそういう風になるのって、変なんです」

彼女はその原因が「会長の霊が挟まっているから」だと思い至ってしまった。

一時は会議室の戸を閉めるのが恐ろしいと感じる程だったという。

「そんなことを考える私の方がどうかしているのはわかっているんですけど、いたたまれないんです、すごく良い方だったので、もし万が一そういうことになっているのであれば気の毒で……」

お坊さんを呼んでお経をあげてもらう等、解決に向けた方法は色々あるが、そもそも気にしているのは自分だけであり、内容が内容な上、想定される状況があんまりなものであるため、会社側にも言うに言えない。

「ですから、今の私にできることはなんだろうって考えて、戸当たりにスポンジテープを貼ったんです」

周囲には、閉める時の音対策であると説明し、実際にそれ用の商品を使用したらしい。なるほど名案、少なくとも会長の頭部へかかる衝撃は緩和されるだろう。

「自分でもどうかと思ってはいます、だけど戸の直撃を受けるよりはいいのかなと……自己満足ですが、いくらかは気が楽になりました、でもスポンジテープの粘着力が弱いのか、しょっちゅう剥がれているので、今色々試しているところです」

Uさんのストレスも和らぎ、更に戸の開け閉めの際の音も軽減するのだから一石三丁というわけだ、そのうち、引き戸の突っかかりが無くなるのを祈るのみである。

……いや、しかし、言いたくはないが、どうも一点気になる。

スポンジテープはそんなに剥《は》がれやすいものだろうか？

「どうかしている人」は、本当にＵさんだけなのであろうか？

予兆

四十代のA氏が腰を痛めて病院に入院していた時の話。

「腰椎《ようつい》にヘルニアがあってね、それまではなんとか外来診療で堪えていたんだけれど」

手術をするべきかどうか微妙な判断だと医師に言われており、A氏も自身の体にメスを入れられることに乗り気では無かったため、保存的に経過を診てもらっていた。

「まぁしかし、痛みで動けなくなっちゃどうしようもない、その時は病院で面倒見てもらいながら、症状が落ち着くのを待つっていうことになって」

入ったのはベッドが三つある部屋、同室の患者はおらず、他の誰かが入院してくるまでの間は、A氏が一人で使用することになった。

「三人部屋に一人だから、空間を持て余すというか、なんだか寂しい感じはあったよ」

せっかくだからと外の見える窓際のベッドをあてがわれたものの、リハビリや回診の時以外は何をするでもなくぼんやりと過ごしていた。

「動けば痛いからね、窓から外を眺めるぐらいしかできない。注射なんかもしてもらうんだけれど、その場しのぎだからさ」

一人だと、どうしても腰の痛みに意識が集中してしまう、せめて同室の話し相手でもいてくれれば気も紛れるだろうに……入院して数日が過ぎ、A氏がそんなことを考え始めた矢先、ちょうどよく彼の部屋に新しい患者が入った。

「Tさんという人で、歳は俺よりも一回りは上だったんじゃないかな」

彼もまた、A氏と同様に腰を痛めて入院することになった人物だった。

「俺はヘルニア、Tさんは狭窄症《きょうさくしょう》、症状も似てるから話も合った」

年齢こそ離れているものの、お互い腰の不調に苦しむ者同士、笑いを交えながら自虐的な会話を続けている間だけは、痛みを忘れることができた。

入院して数週間、良好な関係を築いていた二人だったが、別れは突然来た。

「夜中に変な声出してるから、こっちも目が覚めてね『Tさん？』って声かけたんだけど、ぜんぜん反応なくてさ、おかしいと思ってナースコール押したんだ」

やってきた看護師は部屋の明かりを点けた途端に顔色を変え、すぐに応援を呼ぶと、Tさんをベッドごとどこかへ連れて行ってしまった。

「それっきり、ダメだったって、次の日に看護師さんがこっそり教えてくれたよ」

高血圧や糖尿病などを患っていたのは知っていたが、こうもあっけなく終わってしまうとは、A氏はなんとも言えない気持ちになった。


「今だから言えるんだけどさ」

気になることはあったのだとA氏は言う。

「Tさん、たびたび二重に見えることがあってね」

本人がまるでブレてでもいるかのように、残像が生じていたのだという。

当初、A氏は自身の目の不調を疑ったが、Tさん以外は普通に見えることから、なんだか妙な気がしていたそうだ。

「それで、亡くなった夜、消灯の前には、もう残像とかではなくて、Tさん完全に分離して見えたんだ。その時点では、むしろ俺の方が大丈夫かなって思った、明日、やっぱり医者先生に相談してみようって」

その後は前述したとおりである。

「それから後は何もないいんだ、どうしてTさんだけあんな風に見えたのか。うん、ああいう形の虫の知らせってのもあるのかも知れないね。もう少しわかりやすければ、取り返しのつかないことになる前になんとかできたのかも知れないけれど、鈍かったなぁ俺」

難題

二十代の会社員D君から伺った話。

その日、彼は釣具屋の駐車場で車をぶつけられた。

「買い物のために助手席のカバンから財布を取り出そうとしていた時でした」

割と強い衝撃があったのだが、車はともかく彼に怪我はなかった。

どこの馬鹿がぶつけてきたのかと外へ出ると、相手は五十過ぎぐらいの男性だった

立派な車に乗っていたその男は、すっかり恐縮しており平謝りで保険会社を呼んだ。

「こっちは停車中でしたから、修理費なんかは全部相手持ちになりました」

何度も頭を下げられ、今後は保険会社が一括して対応するとのことで話がついた。

おかげでしばらく代車生活を送る羽目になった。

次の日、その代車に乗り、朝早く隣町の川へ行った。

「鮎《あゆ》の友釣りが趣味なんで、解禁日に合わせて休み取ってたんです」

途中の道で囮《おとり》となる種鮎を買おうと思っていたのだが、手に入らなかった。

しかたなく最初は毛針を使って鮎を狙い、二十分程粘って一匹釣った。

それを囮にして調子よく鮎を釣り上げていると、後ろから声をかけられた。

種鮎を一匹譲って欲しいと言われ快く応じたのだが、おや？　と思う。

互いにサングラスをかけており、すぐにはわからなかったが見覚えがある顔。

やはりその人物は昨日車をぶつけてきた相手で、彼もD君に気付き驚いた様子。

「こんなこともあるんだなぁと、まぁその時は釣りの方が大事だったんで」

一言二言会話をして、別れた。


それから数日後、どうも首に違和感を覚えた。

事故の影響だろうかと考えたが、長時間の鮎釣りのせいかも知れなかった。

「事故なら保険会社に連絡しなきゃですけど、まぁそれほどでもなかったので」

馴染みの整体院へ出向き施術を受けると、大分調子が良くなった気がした。

「それで、会計をしていたら『あっ』って聞こえて」

顔を向けた先には、例の事故の相手。

聞けば彼も事故で首を痛め、今回が初めての予約だと言った。

「病院ではレントゲンと湿布だけだったからって、知人から紹介されたようで」

それにしても良く会いますねと笑い合い、別れた。

「いやでも、ほんと顔を合わせすぎだなと」


一週間程経った週末、会社の上司と飲みに行くことになった。

いつもの店でほろ酔い加減になっていたところ、上司の電話が鳴った。

相手は上司の友人で、家族が旅行に出て一人暇だから遊びに来いとのこと。

それなら自分は他で飲み直そうと言うD君を、上司がしつこく誘った。

「一緒に来いって言うんですよ、ただ酒だぞって」

その友人はF氏と言い、会社を経営している人物であるらしい。

せっかくの週末、知らない人の家に行って酒など飲みたくない。

固辞すべく話をしたが、結局、上手く言い包《くる》められてしまった。


着いた先は立派な一軒家、玄関先で待っていると、鍵が開けられドアが開いた。

「それでまた『あっ』ですよ、そう、あの事故の相手でした」

ここまで来ると、さすがに普通ではない。

どういう廻り合わせなのか知らないが、偶然にも程がある。

「やっぱりそういう話になりました、三人で飲みながら何か縁でもあるのではと」

縁と言ってもD君にしてみれば出会いは貰い事故だ、良縁とも思えない。

しかし互いに来歴など紹介しあっているうち、ある事実に行き当たった。

「俺が小学生の頃に亡くなった祖父、某武術の師範だったんですけど」

F氏はその弟子で、若い頃はずいぶん可愛がられていたという。

よく食事にも誘われ、幼いD君を見たことがあったとも語った。

「これは間違いなく何かあると。絶対あの先生――まぁ僕の祖父ですね、の仕業だと」

その場の妙な雰囲気にのまれ、D君もそんな気がしてきていた。

「家族から、異常に勘の鋭い人だったっていう祖父の逸話は聞いていたので……」

この不思議な出会いの意味を探ろうと、三人は腕組みして考えた。

数時間ああでもないこうでもないと語り合ったものの、それらしい結論は出なかった。

更に数週間後、D君は上司からF氏の訃報を聞かされた。

「ギクッとしましたよ、あちゃーみたいな」

出先での自動車事故、対向車線をはみ出してきた車との正面衝突。

運転していた車も本人も酷い状態で、即死だったのではないかとの話だった。

何かの縁があったのだから、通夜ぐらい出たらどうかと上司は言った。


「もちろん気の毒に思いますけどね、でも、もともと関わり合いのない人なわけで。祖父の愛弟子で、上司の友人ではあったんでしょうけど、俺にとっては車をぶつけられて、次の日に種鮎分けただけの間柄ですよ。なのにどうも……」

D君によれば、訃報を知らされた日から、何度も見た夢があった。

「祖父が出てきて、Fさんの事故のことをものすごい表情で怒ってくるんです。でもあの一連の流れから、それを予測して対策立てろって無理な話でしょう。Fさんだって『何かある』って言ってたんだし、気を付けてたと思いますよ、その上でのことだったんだから……つーかそもそも夢に出られるなら最初っから夢で言えよっていう……」

結果的に、いらない罪悪感だけが残ってしまったと彼は言う。

通夜には参列したそうだ。

その夜の逃げ切り

今から十年ほど前、Rさんが二十歳の時の話。

深夜、彼女はアイスクリームを食べたくなった。

「夜更かししてたんだけどね、一時過ぎてから小腹が空いてきてさ、土曜日で気持ちが解放されてたから、近くのコンビニまで買いに行こうって」

農家の娘である彼女は、家の軽トラに乗り込んでコンビニに向かった。

「車で往復十分ちょい、歩けば遠いけど田舎道だし、飛ばせば直ぐだから」

街灯もまばらな、暗い夜道を軽快に進んで行く。

「夜風に当たりたくて、窓を全開にしていたのが悪かった」

不意に、何か緑色のものが目の前に飛び込んで来た。

動きからして大きなバッタの類、虫が得意ではないRさんは驚き慌てる。

「今思えば一旦車を停めれば良かったんだよね、でもパニくって、ハンドル握ったまま
それに反応したせいで――」

気付けば、軽トラは路肩の縁石に乗り上げ、電柱に激突した格好で停車していた。

何が起こったのか、意識は戻ったものの、状況の把握が追い付かない。

しばし茫然とした後、確認するように体を動かすと、幸い痛みは無いようだ。

「ああ、事故ったんだって自覚して、どうしようかなと」

ちょっとそこまでという気持ちでいたため、携帯電話は持っていない。

日中ですら車通りの少ない道、夜ふけに他の車が走って来ることも期待できない。

現場は家とコンビニの中間地点であり、どちらを目指そうと徒歩で十五分はかかる。

「車ダメにしちゃったから、事故処理もあるし家に帰ろうと思って」

ひしゃげた軽トラをそのままにしておくのは気が引けたが、自分一人では手の施しようが無い、自宅に戻り両親に助けを求めるのが最善だと判断した。

よろよろと車から降り、歩き出す。

ついさっきまでは生暖かった夜の空気が、どこか冷え冷えと感じる。

歩いてこの道を通るのは何年ぶりだろう、免許を取ってからは車での移動が当たり前になっていたため、学生の頃と勝手が違う。

そもそも、こんなに川の音が大きく聞こえただろうか。

「ちょっと下った所にだけど、道に沿って川は流れてるんだ、でも幅二メートルぐらいの小川なんだよね」

なんだか、規模が違うように聞こえる。

体に伝わるのは大きな川が増水でもしたかのような、スケールの大きな響き。

更に——。

「チリンチリンって、鈴みたいなきれいな音が聞こえて」

見回してみても、周囲には彼女ひとり。

虫の鳴き声とは明らかに異なる、細く長い音色。

大河の流れのような響きと、その余韻ある鈴の音がやけに耳に入って来る。

「あれ、自分大丈夫？　頭打ったかな？　と」

考えてみれば、どうも家まで遠い。

もう五分以上は歩いた、少なくとも近所にはいるはず。

周りの風景に見覚えはある、でも本当にこんな景色だったか？

さっきから、鈴の音が増えてきている。

近づいて来ている気がする。

「なんか寒いし、だんだん怖くなってきて」

自分では殆ど駆け足のつもりだが進めど進めど家に着かない。

川音は轟々《ごうごう》と響き、すぐ後ろでは何十という鈴が反響し合っている。

「急がなきゃまずい、って、もうそれだけ」

這々《ほうほう》の体《てい》で歩みを進めた結果、やっと自宅前に辿り着いた、が。

「うちはさ、畑に挟まれた一本道を真っ直ぐ通って母屋にいくのね、で、その私道の入口に門？　じゃないな、フェンス？　あのガラガラって開けるやつ、なんでか、あれができてた」

ハナからこの場所にこんなものは無い、しかしなぜか今、目の前にはある。

仕方なく、それを開けようとするも、ビクともしない。

一本道の先には我が家が建っている、自分の部屋の明かりも見える。

「早く早くって思ってたから、もう、考えるの面倒になっちゃって」

フェンスを避け、うなり声をあげながら畑を突っ切ったとRさんは言う。

「そこからは覚えてない」

彼女が両親から聞いた話では、夜中に突然大きな衝撃音がし、驚いて出てみた玄関先に、血と泥に塗《まみ》れた娘が転がっていたらしい。

「頭打ったどころじゃなくて、頭がい骨折れてたって、体中は細かい傷だらけで」

痛みを感じなかったことが既におかしかったのだろう、一歩間違えば死んでいてもおかしくないような事故だったのだ。

「退院の時、脳の損傷がこれより酷かったら、歩いては帰れなかったでしょうって言われたな、リハビリも含めて一ヶ月ちょいで退院できたのは運が良かったたって」

トラウマになっていてもおかしくないような状況を、あっけらかんと話す。

「ホントはね、私あそこで死ぬ運命だったんだろうなって思ってるの。それからなんとか逃げ切ったんだよなと。もちろん病院での治療があればこそだけど」

Rさんによれば、後遺症によるものなのか記憶は所々おかしいのだという、それでも、あの夜、頑張って何かから逃げ切ったことは間違いないと確信しているそうだ。

「あれ、川とか鈴とかに追い付かれちゃってたら、少なくともこうやって話せてはいなかったんじゃないかな、自分としては、畑走ったのが良い判断だったと思うんだ」

爆弾池にて

現在七十代のTさんが小学生の頃だというので、もう六十年は昔のこと。

当時、彼が住んでいる町には爆弾池と呼ばれる池があった。

「戦争ん時よ、アメリカの飛行機が爆弾落どしたどごに水溜まってできだ池、俺のお袋によれば、爆撃あったのは終戦間際で、鉄鋼場だの港の船だのが狙われだらしい」

テニスコート程の広さのものから、小さな溜め池程度のものまで、複数個所に様々な大きさの爆弾池があり、子供たちにとってはかっこうの遊び場になっていた。

「冬には凍った池の上でスケートなんかしてな、流行《はや》ってだんだ」

そんななか、子供どころか大人も近づこうとしない「爆弾池」があった。

「なに祀《まつ》ってだのが定かじゃねぇげどよ、元はお社《やしろ》があった場所だったたって」

上から降って来た爆弾の直撃を受け、その社は跡形も無く消し飛んだという。

その跡の窪地に水が溜まり、他と同じようにやがて池ができた。

「いづ頃がらだったたんだいなぁ、その池の近ぐさ行ぐと、赤ん坊の泣ぎ声するって」

捨て子かと思い探してみるが、赤子はどこにも見当たらない。

ただ泣き声だけが、池のほとりから聞こえてくる、そんな話。

「気味悪いってごとで誰も寄り付がねぇがら、ひっそりしてでさ、俺も近づくなって言われでだんだげども」

近づくなと言われれば、近づきたくなってしまう、子供とはそういうもの。

ある日、Tさんは友達数人と連れ立ってその池に向かった。

「わざわざ夕暮れ時に、肝試しだっつって」

みんなでワイワイ言いながら辿り着いたが、赤子の声など聴こえない。

ただ不思議なことに、なんだか甘い匂いがする。

「なんだろうな、砂糖ば煮詰めだような良い匂いでさ」

子供たちは出所を探ってウロウロと池の周りを歩くも、いっこうに埒《らち》が明かない。

結局、一体どこから漂ってくる匂いなのか見当もつかなかった。

「そんでまぁ、ふーんって、帰っぺどしたら、聞こえできた」

まるで産まれたてのような元気な泣き声が、これもまた、どこからともなく。

竦《すく》み上がっているのはTさんだけ、他の連中は変わらぬ様子。

拾った木切れで草を叩いては、どうでもいいような話をしている。

誰一人、赤子の泣き声には反応しない。

「あんなハッキリ聞こえでくっとは思ってもいねがったがら、恐ろしがったよ、みんなど一緒じゃねがったら、竦んだまま動げねくなってだべな」

からかわれるのを恐れ、聞こえたことは黙っていたが、Tさんは二度とこの池には近づくまいと決め、腰が抜けそうになるのを堪えながら家に帰った。


しかしそれから数日後、彼は一人で池のほとりにいた。

「これがよくわがんねのよ、そもそも自分で歩いでった覚えがねえんだ。気付いだら池の前に一人立ってで、なんでが体も動がねがった」

既に甘い匂いが周囲に漂い、赤子は盛んに泣いている。

「その時点では、わげわがんねぇし、あんまりなごどに何も考えられねぐなってだね」

匂いは徐々に濃くなり、泣き声が近づいて来る、と。

「したらさ『おどごわらすがや』っつうしゃがれだ男の声が聞こえでな、それが酷ぐ落胆したような塩梅で」

声が聞こえるとともに、体の硬直が解け、Tさんはその場にへたり込んだ。

甘い匂いも、赤子の声も、少しずつ遠く、朧《おぼろ》になってゆくなか、後から追い付いて来た恐怖に囚われ、まったく足に力が入らない。

「もう声も出せねぇまま涙だけ出できて、今思い出しても嫌んたでば」

どうしよう、どうしよう、それればかりが頭をめぐる。

すると。

――あれ？　どうした僕？

声が聞こえ、顔だけそちらに向ける、目に入ったのは見知った女の人。

「長屋の隣に住んでだ姉《アネ》さんでね、俺は可愛がってもらってだんだげど、愚連隊《ぐれんたい》風の男といい関係になってるっつって、近所の評判は悪がった」

力を振り絞って〝姉さん〟にしがみ付くと、声をあげて泣いた。

「話が立て続げで悪ぃんだげどさ、そん時だよ」

突然、甘い匂いが濃く鼻につき、耳元で大きく赤子の泣き声が響いた。

「その一瞬だげ、すぐに匂いも声も無ぐなったんだげど、もうダメだった」

もはや、泣きじゃくりながら姉さんに縋りつくので精一杯。

「その後間もなぐ姉さんの男が来て、今思えば、わざわざ人目に付かねぇどご選んで待ち合わせでだんだべ多分、俺はそのガラの悪《わり》ぃ男の背中におぶさって家に帰ったの」

恐ろしい思いはしたが、Tさんにはそれ以上のことは起こらなかった。

「ただ、その後半年ぐらいして、姉さん子供産んだのよ、女の子、それがすぐ死んだ」

元気に生まれてきたはずが、理由らしい理由もなく、一ヶ月に満たない生を終えた。

「姉さん、呆げだようになってまってなぁ、助けで貰った恩もあるし、元気付げっぺど思って話語りしに行ったりしてだんだげども」

彼女は、自分の子供が「死んだ」と言われることを嫌った。

「『空に上ったんだ』って、近ぐにいねぐなっただげ、空さ上がっただげだって」

姉さんはその年のうちに、例の男と町を出て行った。

「考えだってしょうねぇごどだし、ナニわがる訳でねぇげどさ、姉さんの子供、アレ、俺の身代わりみでぇなもんだったんでねぇがなって気がしてる。俺は『おどごわらす』だったげど、姉さんの子供は『おんなわらす』だったがら……あん時にもう腹の中に居だんだべもの……ホントは俺が死んでだのがも知んねぇどこ、悪ぃごどしたなぁ」

※

Tさんの町にあった爆弾池は、昭和三十年代中頃、チリ地震津波後の区画整理においてすべて埋め立てられてしまい、今は一つも残っていないという。

死猫を埋めるまでの流れ

Kさんは、パート先近くの路上で、潰れた猫の死体を薄い板を使ってこそいでいた。焼けつくような陽射しが降り注ぐ中、何度も車に轢かれた上に天日で焼かれた猫は、なかなかキレイには剥《は》がれず、板を入れるたびボロボロと崩れた。

昼休み、他の従業員が休憩所でのんびりしているあいだ、Kさんは汗だくでその作業に取り組み、なんとか死体を剥がし終えると、新聞紙に包んでビニール袋に入れ、日陰に隠した。

恐らく野良猫であろうが、炎天下に無残な姿のまま放置しておくのは忍びない、出勤時にそれを目撃した時点で自分がなんとかしようと決めていた。

仕事が終わり次第、どこか落ち着いた場所に埋めてあげようと思っていたのだが、帰り際に同僚から手に持ったビニール袋のことを指摘され、つい喋ってしまったのが悪かった。

その同僚は「死んだ猫に情けをかけると祟られる」とか「取り憑かれてしまう」とか聞きたくもない余計な口を挟んで来た。

一体、どこの誰がそんなことを言い出したのか、死んでしまった猫がどうやって悪さを働くというのだろう、Kさんは呆れ、自分の気持ちに従って行動したまでだと言った。

それでも何故か食い下がってくる同僚を見ているうちに、突然、髪が逆立つような怒りが湧き「お前が轢いたんだろうが！」と一喝してしまった。

すると同僚は「やっぱり見てたんだ」と呟き、足早にその場を去った。

いやいや待てよ、どういうことだ。

先ず、自分は今手に持っている猫が誰に轢き殺されたものなのかなど知らない、たまたま出勤時にそれに気付き、どうにかしてあげたいと思っただけ。

その上、今さっき叫んだ言葉は、意図したものではない。

確かに自分の口から出た言葉ではあるのだが、そんなことを言うつもりなどまったくなかったし、同僚の彼女が猫を轢いたとは夢にも思っていなかった。

そして更に、自分はもともと臆病な性格で、刺身から染み出る魚の血にすら嫌悪感を覚えるような人間であるのに、どうして今日に限って、手を汚してまでこの猫を弔《とむら》おうという気になったのか。

後日、怒鳴りつけてしまった同僚に謝罪した際、彼女は自分が猫を轢いたことは事実だと認め、しかしあるいは気のせいだったかもしれないと、確認のため昼休みに現場に出向いた際、Kさんがものすごい形相で猫の始末をしているのを見て恐ろしくなったと言った。

普通ではない様子だったので、心配になり、しつこく声をかけてしまったらしい。

「自分ではわからないものなんですね、こういうことって、他にもあったら怖いな」

Kさんは、猫を埋めた場所へ、今でも時々花を手向《たむ》けているという。

ギャルは関係ない可能性

金曜の夕方、仕事帰りのF氏は行きつけのコンビニでタバコを吸っていた。

「すぐ近所に住んでんだし、家に帰って吸えばよかったんだけど、その日はなんでかコンビニ前の灰皿に魅かれたんだよなぁ」

秋の冷えた空気の中、ぼんやり煙を味わっていると、二十代前半と思われる男女がやってきて、同じようにタバコに火をつけた。

「――ような感じがしたってとこかな正確には。俺は道路の方向いてたし、気配で振り向いたらカップルみたいな奴らだったんで、すぐ道路の方に向き直ったんだ。灰皿に寄って来たんだからタバコ吸うんだろうなと」

喫煙者には風当たりの強い昨今、喫煙所で吸っていても煙たがられることは多い。

知らないもの同士とはいえ一緒に灰皿を囲むのは心強いな、と、そんな仲間意識を覚えたのも束の間、なんだか妙だぞと、F氏は思った。

「俺の背後でさ、男の声でなんかブツブツ言ってるのが聞こえるんだよ」

当初は男女で話しているのだろうと理解していたが、どうも違うようだった。

「ネエちゃんの方が何も言葉を返さねぇんだ、男の方はずっとブツブツ言ってるのに」

何を言っているのかハッキリしなかったが、いささか薄ら寒いものを感じ、背中を向けていることに不安を覚えたF氏は、回れ右をして男女のいる方を向いた。

「そしたらさ、ネエちゃんしかいねぇんだな、ほんの一瞬前まで、もう一人ブツブツ言ってる男がいたはずなんだけど、どこにもその姿が無《ね》ぇ」

F氏が振り向いたとたん、ブツブツ言っていた声も消えた。

若い女性は、F氏の動揺にも気付かず咥えタバコでじっとスマホを覗き込んでいる。

「うえぇ？　ってなるべ、俺はなったよ」

しっかりとその姿を見たわけではない、最初に気配を感じた時、ちらっと様子を確認しただけ。

「顔まで見ちゃいなかったが、確かに二人いたんだぞ、カップルだって思ったんだから」

しかし、その〝いたはずの男〟は煙のように消えてしまった。

本当にもう一人いたのなら、そんな短時間で身を隠せるわけがない。

「そりゃそうだ、直前までブツブツ言ってたんだし、そもそも隠れる意味がねぇ」

ならば、なんなのだろう？

「そのネエちゃんがスラっとした美人でさ、ああコレ男泣かせてんなっていう強めのギャル風だったから、あるいはフッた男に生霊みたいなもんでも飛ばされてんじゃねえのかなって、俺も好きだからよ、その手の話」

強めのギャル風は、タバコを吸い終えると何事もなかったように自分の車に乗り込んで、帰宅ラッシュの国道へ消えて行った。

「あぁ、あの娘、大変なことにならなけりゃいいなって、思ってたんだけどさぁ」

数日後、仕事帰りに例のコンビニに寄ったF氏は、馴染みの店員と立ち話をした。

「そういやアイツ見ねえなって、それまで毎日同じ時間帯に勤務していた若い男がいて、愛想よかったから気に入ってたんだよ、アイツどうしたの？　って訊いたんだ」

すると店員は顔を曇らせ、F氏に顔を寄せると「亡くなりました」と一言告げた。

「よくは知らねぇけど、急に心臓止まって死ぬことってあるらしいな、そういう死に方だったらしい、そんで――」

いつのことなのかと問うと、先週の金曜日だという。

その場では気づかなかったが、家に帰ってからビクッとしたF氏。

「あの日やんけ、と」

以来、そのコンビニから足が遠のいているそうだ。

晴れた日のピアノ

「知らない町を歩くのが好きなんです、観光地とかじゃなくて」

「その町の暮らしを見るみたいな？」

「そうですそうです、どういう人が住んでるのかなとか」

「どういう植物が生えているとか、土地の形はどうだとか？」

「もう少し、緩《ゆる》いです、散歩程度なんで」

「ああ、楽しいですよね散歩」

「楽しいですね」

「……」

「……」

「あの、続きの方を」

「ああ、すみません、それでその日も歩いてたんです、知らない町」

「一人で？」

「一人です、○○県の○○町」

「ほうほう」

「とてもいい天気で、涼しい風も吹いてて」

「散歩日和ですね」

「ええ、来てよかったなって、嬉しくなっちゃって」

「でしょうねぇ」

「それで、道草しながらのんびり進んでたら、どこからかピアノの音が聞こえてきて」

「ピアノ？」

「はい、すごく上手な演奏」

「それは、その辺の家からですか？」

「私も気になって、生っぽかったんで」

「生演奏？　どこかで弾いてた？」

「たぶん弾いてると思って、音のする方に歩いて行ったんですね」

「はぁ」

「そしたら、ものすごく立派な庭のある、洋風の豪邸に出て」

「そこから聞こえてきていたと」

「私、一瞬で見惚《みと》れちゃって、庭とピアノの調和が素敵すぎて」

「人の家の庭先ですよね？」

「まぁそうですけど、そういうのを楽しみに歩いているので」

「ですよね、わかります」

「立ち止まってちょっと浸ってたら、声をかけられたんです」

「どなたに？」

「その家に住んでいる方で、庭の手入れをなさっていたのかな」

「男性？」

「いえ、年配の女性の方、うちの母と同じぐらいな感じでした」

「なんて声をかけられたんですか？」

「『いい天気ですね、お一人ですか？』って」

「それで？」

「『お庭もピアノも素晴らしいので、つい立ち止まっちゃって』みたいなことを返したら、その方がすごく嬉しそうな顔で『よかったら中にどうぞ』と」

「誘われたと」

「はい、それで、ちょっと悩んだんですけど、お邪魔じゃなければと」

「え？　知らない人ですよね？」

「そうですけど、こっちも子供じゃないんで、そういうのを楽しんでいるので」

「せっかく遠出しているわけですもんね」

「ぐるっと庭を見せていただいて、地元のお祭りが近いとか話をしながら」

「はいはい」

「一通り回った後、ずっと気になってたので『このピアノどなたが弾いてらっしゃるんですか？』って訊いてみたんですね」

「やっぱり生演奏だった？」

「庭に入ってから確信してました、私もピアノ教室に通ってたことあるんで」

「そしたら？」

「『娘です』と、病気がちらしく、調子の良い時だけピアノを弾くそうで」

「へぇ」

「それで、私褒めたんですよね、すごく。そしたら『ぜひ直接伝えてあげて欲しい』って、家から出ないので同年代の友達もいないから喜ぶと思う、と」

「いやあ、そういう風になるのか」

「私も少し抵抗あったんですけど、庭を案内された手前断れなくて」

「ああ、なるほど」

「それで、恐る恐る、大きな玄関から中に入ったんです」

「ピアノはどこで？」

「二階から聞こえてましたが、入ってから聞こえなくなりました」

「続けて」

「その方の後ろをついて、階段を上って行ったんですけど……」

「……」

「『どうぞ』って、案内された部屋に誰もいないんです」

「どういうこと？」

「その部屋、ピアノだけ置いてあって、誰もいないんです」

「え？ 娘さんは？」

「いないんです。それで、誰もいない部屋を見ながら、その方が『娘です』と」

「どういうこと？」

「わかんないですよ、ピアノがある以外は、窓からの風でカーテンが揺れているだけの部屋なんです」

「娘なんていないのに、娘を紹介された？」

「それで？」

「なんなのか、ほんと今でも鳥肌です、あの瞬間」

「ちょっとこれなんかおかしいなと直感したので、スマホ出して『スミマセン』って、電話を取るフリをして、隙をみて逃げようとしたんですが」

「が？」

「手首をつかまれて『ピアノ聞こえてますよね？』って言われて」

「うお」

「そりゃさっきまでは聞こえてましたけど、その時は聞こえなかったし、娘もいないしで、もうダメでした、手を振り解いて全力で家の外に逃げました」

「おお、何それすげえ」

「必死で逃げましたよ、ほんとは一泊する予定だったんですけど、そのまま帰って来ましたからね、頭のなかがめちゃくちゃになって、ホントに……」

「もう少し待ってたら娘出て来たかもしれないですね」

「そうだったら、最低なことしたと思いますけど、多分出て来なかったんじゃないかな」

変色

その日の朝、W君は枕もとのテーブルに置いていたシルバーリングが変色していることに気付いた。

「元カノと揃いで買ったものだったんです、安っぽいし、デザインもイマイチだったので、別れてからは一度も身に着けたことはなかったんですが、捨てるに捨てられなかったんですよね、なんだかんだ言っても、思い出のあるものだったので」

それは全体的に黒くなっており、疲れたようにくすみ、まるで一気に老け込みでもしたかのように見えた。

「前日まで、こんな色していなかったなと思って。手に取ってまではいないものの、毎日それとなく目に入っていたはずで、変化があるのなら見逃すわけないんです。なので心配になったんですよね」

彼女とは、嫌い合って別れたわけではない。なんだか少しずつちぐはぐになり、どちらからともなく距離を取るようになった末、連絡を取らなくなっただけ。

「アイツ、大丈夫かなと。何か悪いことになってなければいいなと。虫の知らせとか言うじゃないですか？　そういうのだったら嫌だし、さりげなく連絡入れてみようかなとも考えたんですが、それはそれで何かに負けたような気もして……」

あるいは、そのうち、自然な流れで以前のような関係に戻れるのではないか、どこかでそんなことも考えていた、好きだったし、本当なら離れたくなかった。

「変色の具合があまりにも極端だったので、ほんと、気がかりっていうか、考えているうちに、いてもたってもいられなくなってしまって。もし何か大変なことが起きてたら、もう話せなくなってしまってたらって、そう考えると、だんだん怖くなってきて」

これまでW君が出会ってきた女性の中でも、彼女は特別だった。上手くいっていた頃は本当に楽しかったし、常に安心感を得られていた。

「なので、俺、彼女の家まで行ってみたんです。別れて半年でしたけど、引っ越していない限り、顔ぐらいは見られるかなって。元気そうならそれでいいし、何かあったようならこっちから声をかけて力になれればと」

つまらないプライドが邪魔をするため、堂々と訪ねることはできない。彼女に見つからないよう、マスクをし、物陰に隠れて仕事終わりの帰宅時間帯を待った。

「はい、元気そうでした。すごく嬉しそうな顔で、俺の知らない男と連れ立って部屋に入って行きました。傍から見ても幸せそうだったので、良かったなと。悪いことがあったから変色したんじゃなくて、あれは多分、彼女の心変わりのサインだったんですね」

それならそれで納得もできた、そもそも勝手な憂慮であったのだし、その中では彼女が死んでしまうような、最悪の事態まで想定していたのだから。

「まぁでも、実際、似たようなものなのかも知れないですね。俺と笑いあっていた彼女はもういないんだし、戻りようもないのだとすれば、それは俺にとっては死んだことと変わりないですよ。それは彼女からしても、きっとそうなんだと思います」

芽生え

「私の祖父なので、この子の曾《ひい》お祖父《じい》さんですね、はい、その火葬の時です。骨上げまでの時間、知らないところで怖かったのか、退屈だったのか、機嫌悪くなっちゃったので抱っこして外に行って、池の鯉とか見せてたんですけど、そしたら『あー！あー！』って、火葬場の屋根のところ指さすんです、いえ、煙とか私の目からは見えませんでした。それでずっと屋根の方を気にしてるので、こっちも少し気味悪くなっちゃって、はい、それで中に戻って、いえ、その日はそれ以上特になにもなかったんですが、それから、普通に買い物してたりするときも、何もない場所を指差して『あー！』って言うようになって、この前は家の中でもやったんです、そうですね、祖父だなって思うようにしてます、そうじゃないと怖いんで」

幽霊ナビ

友人の怪奇愛好家K君から伺った話。

昨年の夏、彼は知人の男性を車に乗せ、とある温泉旅館を目指していた。

その旅館は、怪奇愛好家には評判のところで、かなりの確率で幽霊が見られると噂されており、K君も以前から目をつけていたそうだ。

彼の住む町から、その幽霊旅館までは車で三時間程の距離、夕方六時にはチェックインを済まそうと考えていたため、大事をとって午後二時前に家を出た。

運転しながら、今日こそは念願の霊体験をしたいものだと胸を躍らせていたという。

旅館までのドライブは、途中まで順調だった。

しかし、余裕を持って出発したことが仇となり、間に合うだろうとタカを括って寄り道などしているうち、大幅に時間をロスしていることに気が付いた。

このままでは予定時間に遅れてしまう、K君はそう考え、念のために宿に連絡を入れるべくスマホで番号を調べ電話をかけたのだが、なぜか繋がらなかった。

話し中ではなく、この番号は現在使われておりません、とアナウンスが流れる。

検索したサイトの情報が古くなったのかと思い、別なサイトで確認してみるも出てくるのは同じ番号、困った、予約の際は問題なく繋がったのに……。

既に時刻は午後五時を回っている、宿まではまだ二時間はかかる地点。

もはや遅れてしまうことは間違いない、同乗の知人に、どうにか最新の連絡先が乗っているサイトを見つけてくれと頼み、自分は運転に集中することにした。

すると間もなく、知人がスマホを手に話し出した、どうやら宿に連絡がついたらしい。

一安心し、ハンドルを握りながらどこのサイトに電話番号が載っていたのか訊ねたところ、知人はついさっき自分が検索したサイトの名前を言う。

不審に思い、自分のスマホを渡して確認してもらうと、まったく同じ番号。

K君が電話をかけた時には使われていないとアナウンスが流れたにもかかわらず、なぜか知人のスマホからは普通に繋がったようだ。

この時、なんだか妙な気がしていたと、K君は語った。

腑に落ちない思いを抱えたまま、やがてK君の車は幹線道路を降り、田舎道に入った。近隣の町へは何度か訪れたことがあったため、大きな道路を走行しているうちは迷うこともなかったのだが、次第に道は細くなり、そのうち完全に土地勘を失った。

スマホのナビを頼りに進むも、行けども行けども宿に辿り着かない。

道はどんどん細くなり、どう考えてもおかしいぐらいの道路状況になっている。

いくら田舎道とはいえ、今走っているのは舗装もされていない砂利道。

本当にこんな道の先に宿などあるのだろうかと疑問を抱きつつ進んでいたK君に、知人が「これおかしいですよ」と言う。

おかしいのはわかっている、わかっているがナビはこの道を示している。

何回もオートリルートを繰り返しているのは知っていたが、新しい候補ルートは基本的にすべてショートカットになるはずで、その通り進めば普通は当初よりも早く目的地に到着するものなのだ、でも、確かにこれはない、もはや対向車すらない林道である。

途中でUターンし舗装された道に戻り、改めてナビをセットした。

念のためマップで宿の位置も確認する、とりあえず方向は間違っていない。

さっきの道は本当にショートカットだったのかも知れないと思いつつ、再び車を発進させたのだが、十分も過ぎる頃には再びどこかの山の中にいた。

おかしい、到着予想時刻は最早まったく当てにならない、もう午後七時半である、本当ならばとっくに宿についていていい時間帯だ。

再びUターンし、もう一度マップを確認、今度はナビをセットせず、自分の方向感覚を頼りに進むことにした。

もう変な細い道には入らない、そもそも、幽霊が出るという噂はあるものの、中々の人気旅館なのだ、林道のような悪路からしかアクセスできないということはないはずだ。

助手席の知人もスマホを見ながら進路を確認してくれている。

この道で合っているはずだ、もう少しで着くはず。

いい加減、早く宿に入り一息つきたいと、うんざりしていたK君だったが、その時、前方にとうとうそれらしき木造建築物が現れた。

やっとついた、思わずため息が漏れる。

駐車場と思しき広場に車を停め外に出ると、先行した知人が変な顔つきで「ここ旅館じゃないですね」と言う。

自分も薄々感じてはいた、サイトの写真に載っているそれとはなんだか形が違う。

なぜなのかは知らないが、目の前にあるのはどこかの寺だった。

さっきまでスマホで道を確認していた知人も、眉《まゆ》を顰《ひそ》め首を傾げている。

どういうことなのだろう、幽霊旅館はどこなのだろう。

自分たちの頭もどうかと思うが、機械であるナビまでどうしたというのだ。


もう一度、今度は最初に下りた幹線道路まで引き返した。

もちろんナビは使わない、スマホも見ない。

旅館に再度連絡を入れ道を尋ねると、県道を真っ直ぐ進めばすぐにわかるとのこと。

言う通り進んだ先、迷いに迷ったことが恐ろしくなるほど簡単な場所に旅館はあった。


K君は言う。

「まるで、旅館そのものに宿泊を拒否されているような気さえしました。温泉を楽しみにしていたわけでも、料理を楽しみにしていたわけでもなく、幽霊を目的にしていたのが悪かったのかも知れません。ちなみに、途中で着いた例の寺なんですが、後から調べてみたところ、幽霊画の所蔵で有名なところでして、ええ、幽霊を見たいならそっちで見ろってことだったんですかね……あの時、俺らに狂ったナビを提供していたのは、もしかすると旅館にまつわる何かだったのかもしれないなと、愛好家としては思いたいところです」

一泊したものの、結局、その旅館で幽霊を見ることは無かったそうだ。

魔が鎹《かすがい》

見えてたか見えてないかで言えば、見えてたよね。

うん、何ってわけじゃないんだけれど、家の中でね、なんかがこう、スウっと横切るんだわ、目の端の方を、それで顔を向けると何もない、そういうことは何回もあった。

え？　いやいや、疲れてるか、目でも悪くしたか、あるいは虫でも飛んでたか、そういう風に捉えて放っておいたよ、その時はね。

当時は娘も一才になったばかりで小さかったし、嫁とも毎日のようにケンカしたりして、もう気が休まるってことがなかった、やることばかりが増えて、それをどうにかこなしていくことで精いっぱいだったから。

仕事、子育て、嫁との会話、それがすべてで、それ以外の出来事はノイズって感じ、そこにだけ集中して、優先度が低い物事は頭のなかで自動的にキャンセルされてたと思う、怖いなんて感情は出てこなかったな。

だって気にしたらパンクしちゃうのが目に見えてたし、そうなったら生活が成り立たなくなるんだもの、とにかく自分ができる範囲のことをやって、どうにかして日々繋いでいくだけ、そこにね、幽霊なんて入り込む余地はないでしょ、そんなもん構ってらんない、目の前に全部出てきても「あっそ」ってところだったろうよ。


ただ、そのうち、そんな生活にも慣れてきて、娘も保育所に入って、嫁も職場に復帰して、徐々に余裕が戻って来てからは、ちょっと気持ちが変わった。

やっぱり何か居るなって、どうも妙なモンが見えてるぞと、前から知ってはいたけれど、忙しさにかまけて無視してきたソレが、俺の中で存在感を増すようになった。

具体的に言えば、それまでは目の端で「動いたな」と思った上で顔を向けるっていう形だったのが、先に気配として捉えられるようになってた、目で見るより早くね。

「あれ、多分来るな」って先に感じて、どことなく注意していると目の端を何かがサッと横切る、それで「やっぱり」って顔を向けるけど視線の先には何もない。

さすがにどうしようかと思って、一応その時点で飛蚊症《ひぶん》？　なんかそういう病気があるってのをネットで検索したら出てきたんで、そういう可能性もあるかと眼科の受診もしたんだけれどね、特に異常はないよってことで、じゃあなんでしょうねってなって。病気的なものではないのでは？　とは思ってたんだ、病気だったら仕事中でも出先でも同じようなことが起きるわけでしょ？　そうじゃないんだもん、家の中だけでしかそんなことなかったからね。

だから嫁に相談しようかなと思ったこともあったけれど、やめといた。そうだね、彼女は職場に復帰したばかりだったし、まだ体力的に辛そうな風でもあったから、妙な話を出して混乱させたくなかったってのはある、何よりもせっかく整ってきた夫婦関係に水差したくなかったんだよな、ずっとギクシャクしてたから。

そんなこんなで、結局それからしばらくの間、生活の端々でソレを見続けたわけ。もっとも毎日のように、あるいは一日に何度もっていうのであれば、さすがに参ってたんじゃないかと思うよ、でもそんなじゃなかったしね、週に一回とか二回とか、その程度のもので、実害つったって、まぁ、俺が何か嫌な気持ちになる程度だったから、そういうこともあんのかなぁぐらいで済ませてた、それが幽霊みたいなモンだったとしても、対処法なんて詳しくは知らんしね。

は？　ああ、そりゃ塩を盛るとかさ、一応考えたこともあったんだけど、そんなことしたらかえって雰囲気出ちゃう感じがして嫌だった、神社からお札もらってくるとかもそう、積極的にソレを相手にしている感じが出るじゃない、それはかえって良くないんじゃないかなってね、だって嫌でしょ？　疲れて帰って来て玄関開けたら盛り塩とか、嫌だよ、そんなことすりゃ嫁にも説明しなきゃだし。

単に俺が我慢していれば、そのうち治まるだろうって、思ってたんだけど。


娘がさ「こわい」って、言うようになった。

そのタイミング、俺がちょうど「気配」を感じてる時に重なっててね。

怖いっていう娘の声とともに、やっぱり目の端を何かが通り過ぎて行くんだ。

あれ？　コイツ見えてる？　って、自分の娘だから、なんとなく納得したりして。

嫁もね、なんか神妙な顔しててさ、そりゃ小さい子供が、あさっての方向見ながら怖いなんて言うわけだから、変に病まなきゃいいなって心配してたんだ。

それから何日目だったかなぁ、日曜に、久々に三人で夕飯食べてたんだよ。

俺も嫁も変則勤務で夜勤ありの仕事なんでね、三人揃って飯食うってのは久々だった。

その時にさ、よりにもよって娘が「こわいこわい」って言いはじめたんで、俺もちょっとカチンと来た、娘じゃなく「気配」の方に。

バッと、思いっきり顔を振って睨んだ、ソレが目の端を横切った方にね。

そしたらさ、俺が顔を向けたのと完全に同じタイミングで、嫁もまったく同じ行動とったの、同じ方向に顔向けたんだ。

直後に、え？　って、お互い顔を見合わせて。

「どうした？」って言ったら「アンタこそどうしたの？」って。

お互いがお互いの表情にビビってさ、俺はちょっと腰抜けそうになったよ。

話聞いたら彼女もね、俺がソレを捉えだしたのと変わらない時期から、やっぱり同じ体験をしてたって言うんだよ、目の端を何かが通っていくっていう。

で、娘がソレに怯えるようになったのも知ってたって。

かと言って、俺に相談しようもんなら育児ノイローゼだのなんだの言われて、仕事辞めろなんて話になりかねない、せっかく落ち着いてきた夫婦関係に波風立てたくなかったって、これも俺が考えてたのと似た理由で、黙ってたらしい。

結局さ、俺も嫁も娘も、同じものを見てたんだなって。

面白いのが、その一件以来、例の「ソレ」が出なくなったんだよ、気配も含めて。

娘が「こわい」っていうことも、俺ら夫婦の目の端を横切ることも一切なくなったの。

坊さんに拝んでもらったわけでも、神主にお祓いしてもらったわけでもないのにね。

まぁ結婚してから娘が生まれるまでの三年間、何事もなく二人で暮らしてた家なわけで、そんなのが出るようになったこと自体がイレギュラーだったのかも知れんけども。

今振り返ると、娘が生まれてから、俺も嫁もずっと緊張して暮らしてたんだな。

娘に何かあったら大変だって、自分がなんとかしなきゃって、なぜかそれぞれの立場で考えていたのかも。どっかで相手をあてにしてなかったところがあって、お互いに違う方を向いてると思い込んでいたっていうか。

ああいうモノってさ、そういう心の隙間とか、すれ違いみたいなところを狙ってくるもんなのかもね。だからあの日、娘が生まれて以来はじめて、文字通り「同じ方向を見た」時に、俺と彼女は夫婦なんだなって、こんなことまで実は共有してたんだって、やっと気づいた、家族っていうことの意味を自覚したっていうかね。

だから、もう大丈夫でしょ、あと少しで二人目が生まれるんだけど、今度は俺もガッツリ育休取るし、妙なモノが入って来る余地は我が家にはないと思う。

ただね、しばらく前のことだから言うけどさ、逆に、あのお化けが出なかったらどうなってたんだろう、夫婦関係。

いやホント、結果オーライって言うしかないね。

わからないものを継承

介護施設に勤めている四十代の女性、Ｅさんから伺った話。

「Ｊさんという、九十代の認知症になったお婆さんがいました」

このＪさん、普段から周りの職員や入所者に対し、面白い悪口を浴びせる人だった。

「悪気があってのことではなかったと思います。私は、あくまでも認知症における症状の一つと理解していました、でも、職員であっても人によっては言葉を無くすほどで」

特に際立っていたのが、人の容姿に対する評価。

——うわぁ、お面に塩したような顔。

——だいふく！　だいふくが来た。

——貧乏なすび！　縁起が悪い！

——あなた、平たい虫みたいね。

などなど、語彙《ごい》を駆使したバリエーションに富む表現でそれを言う。

「生まれは良家のご息女だったそうで、女学校を卒業した才女として、若かりし頃は男性の憧れの的だったとか。ご家族から、そういうお話も伺っていました」

認知症になる前は穏やかな性格の方であり、その豹変ぶりには家族も手を焼いた。

トラブルを懸念して、他の老人施設からは入所を断られたりもしたらしい。

「私の勤める施設では、あくまでこれは症状であって、Jさん本人が言いたくて言っているわけではないのだと、職員同士で共通の理解を持つようにして」

しかし、ただ反射的に言葉を並べていたわけでもなさそうだった。

「職員の中に、頭頂部の髪が薄い者がいたんですが、彼を見て『河童《かっぱ》』と一言だけ言い放った時は、さすがに私も噴き出しちゃいましたね」

つまりちゃんと観察をした上で、それをJさんなりに表現していたということになる。

すると「お面に塩」や「だいふく」などもある程度妥当だったのだろうか？

「ああ、どうでしょう、ちなみに『平たい虫』は私を指しておっしゃったことでしたので、私がそれに見合うようなら、そうなのかもしれません」

※

施設の職員は敬遠しがちだったが、Eさんは元来の性格も相まって殆どストレスなくJさんのケアに当たれたため、必然的に一緒にいることが多くなった。

ただ、Eさんによれば、悪口を言いつつも笑顔で施設暮らしをしていたJさんは、死の数週間前より、様子がおかしくなっていたそうだ。


「私が付き添って、病院へ定期受診に行っていた時でした」

Jさんは病院でもいつもと変わらず、会う人すべてを貶《けな》した。

悪口は冴えわたっており、意表をついた表現はたびたびEさんのツボを突く。

「看護師さんや先生にも面と向かってそれを言うので、笑いを堪えるのに必死で」

苦笑いの病院職員に頭をさげつつ、Jさんの乗る車椅子を引いて診察室を後にする。

人が少なくなった待合で迎えの車を待っていた時のことだった。

「Jさんが、私の方を見て何か言いたそうだったので」

顔を近づけたところ「やぶれじぞう」という囁きが聞こえた。

どういう意味なのかも、何を指して言ったものなのかも不明。

不思議に思ったEさんが「どうしたの？」と訊くと、Jさんは何度も「やぶれじぞうがいる」と繰り返した。

なんのことだろう、それにどうも変だ。

物怖《ものお》じせずに悪口を言っていたこれまでと違い、怯えているように見える。

「どうしちゃったのかなと思っていたら、施設に帰ってからも言うんです」

――やぶれじぞうがついてきた、こわいこわい。

これが、その日以降、Jさんの口癖になった。

「他の人への悪口もぱったり言わなくなって、やぶれじぞうやぶれじぞうって」

やがて、虚空へ向かい、やぶれじぞうと言いながら手を合わせるようになり、いつの間にか口にする言葉も「やぶれじぞうさま」へと変化した。

「〝様〟ですからね、そのまま考えて『破れ地蔵』あるいは『敗れ地蔵』なのかなと」

認知症の老人の言うこととはいえ、怯える様子も散見される以上、放っておくわけにもいかない、不穏行動が目立つようなら重点的な観察も必要になる。

「ちょっと対応考えなきゃねって、職員同士で打ち合わせていたところでした」

その日、Jさんは居室のベッドの上で、拝み手のまま心肺停止状態となっているのを発見され、病院へ搬送されたものの帰らぬ人となった。


「ええ、きっと実際に何かが見えていたんだと思います……そうですね、それが認知症に起因する幻覚のようなものだった可能性が高いのもわかります……ただ、問題はそこではなくて……実は私、Jさんが『やぶれじぞう』のことを言い始めてから、何か変な感じと言うか……正直この人は、近々亡くなるんだろうなと、なぜか確信してしまっていて……もちろん誰にも言いませんでしたけれど、それで……」

Jさんの死後、Eさんは近しい人に会っていると不意に「やぶれじぞう」という単語が頭に浮かぶことがあり、その時に目の前にいる人間は、それからほどなくして、必ず亡くなっているという。

「施設の入居者の方を含めればもう結構な数です、急変だったり、事故だったり、原因は様々ですが、はい、あぁ、どうなんでしょう……もしかすると、この先、私が認知症になった場合『やぶれじぞうさま』を見ることがあるのかも知れません、もっともそれは私が死ぬときなんでしょうけれど……」

それが何なのかはわからないが、Jさん由来の「やぶれじぞう」は、現在、Eさんの頭の中に住み付いているようだ。

子供夜回り

今から三〇年ほど前のこと、当時、Y氏は中学二年生だった。

「十二月になるとさ、子供たちだけで夜回りやるんだよ」

火の用心を唱えながら拍子木《ひょうしぎ》を打ち、火災の予防を呼びかける。

今ではちょっと考えられないが、彼の住んでいた地区では、小学六年生から中学二年生までの児童で班を作り、日替わりでそれを行っていたという。

「子供が多い時代だったからね、だいたい一班三人編成で六班ぐらいが持ちまわってた。大晦日はやんないから五回ぐらい順番が回って来るんだ」

各学年一人ずつで一班というのが定番だったが、そう都合よく子供が揃うわけもなく、その年、Y少年の班は彼以外小学生だった。

「同じ地区だし顔見知りで、一緒に遊んだこともある二人でね」

目的として、中学に上がった時に上級生と面識があった方が学校生活を送りやすいだろうから親睦《しんぼく》を深めておく、ということが語られていた。

「イジメが問題になっていた頃でもあって、多分、それの対策みたいな意味もあったんじゃないかな、どうして夜回りだったのかは知らないけど」

子供だけで夜に出歩くことは滅多になかったため、結構楽しいイベントだったとY氏は振り返る。


その夜、十九時に地区の集会所に集まったY班一同は、意気揚々と夜回りを始めた。

「とりあえず拍子木を打ちながら町内を回ればそれで良かったんだけど、俺以外の二人は張り切っちゃって」

Y班での三回目の夜回りだったが、小学生組は代わる代わる「火の用心」を唱え、リズミカルに拍子木を打ってはしゃいでいた。

Y少年は、そんな彼らが調子に乗って危険なことをしないよう見守る係り。

「遠くを回ったりはしないんでね、町内をぐるっとするだけだから、歩くところ歩くところ友達の家の前だったり、知っている人の家の近所なもんで、何かあればどこにでもすぐ駆け込めって言われてたよ」

一周三十分ほどの道のり半ば、小学生の一人が「この上どうなってんの？」と言った。

そこは、確かにY少年も気になっていた場所ではあった。

「高さ十五メートルぐらいの斜面なんだけど、コンクリートで土留めがしてあって、その端に階段があるんだよね、通るたびに、これ何の階段なんだろうって思ってた」

見知った地区の中にある、盲点のような所だったと彼は言う。

「小学生の頃から、それがあるのは知ってたんだけど、何となく大人に咎められそうな気がして、上っていったことはなかったんだ」

懐中電灯で照らした先、見上げた階段の上では冬の木々が揺れている。

Y少年は二人の小学生から、期待しているような目で見られていることに気付く。

「ちょっと様子見るだけなって」

三人で階段を上がった。

土地勘から、丘の上にある県営住宅の裏手に出るだろうことは何となくわかっていたらしいのだが、目の前にボロボロの建物が出現したのは予想外だった。

「確かに県営住宅の裏手ではあるんだけど、その裏手って、フェンスで仕切られた先は雑木林になってたから、その端に出た格好になるんだな、と」

それは古い神社のようで、既に廃されたものなのか、酷い有り様だった。

「うわ、気持ち悪いなって思った、すぐに帰ろうと」

小学生たちに、戻るぞと促すと、冗談のつもりだったのか、なぜかその場で拍子木を打った。

「そしたら、ボロボロの神社の中から、『うるせえぞ』ってくぐもった声がしてさ」

明らかに不機嫌な様子、小学生二人にも聞こえていたようで、顔を見合わせている。

逃げる旨をジャスチャーで示し、三人で階段を駆け下りた。

結局、後半は拍子木を一度も打たないまま、集会所まで走って逃げた。

「そんなところに人が居るなんて思ってもみないでしょ、しかも怒ったような口ぶりだったから、追いかけられてるんじゃないかと気が気じゃなかった」

途中、どこかの家へ逃げ込めば良かったのだが、それにすら思い至らない程、彼らは慌てていたようだ。

「それで、拍子木を集会所の隣の家に返すんだけど、その時に小学生の一人が泣いちゃったんだよね、知ってる大人の顔見て安心したんだと思う」

そこから、騒ぎになった。

「どうしようもないんで何があったのか一から説明したら、そんな得体の知れない人間があんな所に住み付いているのは放っておけないってことになって」

住んでいるのかどうか定かではないが、少なくとも声はしたのだから誰かがいるはず。すぐに近所の男性陣が数人集まり、そのまま例の場所へ向かったものの、そこで彼らが見つけたのは、首を吊った男の死体だった。

「参ったよね、警察は来るわ親は泣いてるわで、てんやわんやですよ」

何より、首吊り死体は昨日今日のものではなく、明らかに死後何日も経過したような状態だったとのことで、更にひと悶着あった。

「俺たちは確かに声を聞いたんだけど、結局、それは勘違いだったってことを明言させられたんだよね、どういう都合だったのかなアレ」

結局、死体の第一発見者はY班ということになってしまったそうだ。

「たまたま死体を発見して、錯乱してわけのわかんないことを言ったっていう風になったみたいだ、納得できないけどね、かと言ってじゃあ死体が喋るのかっていうと、そんなわけないんで、しょうがないのかな」

その日以降、夜回りは中止となり、次の年も行われることはなかったとのこと。

空の石祠

農家を営む三十代の男性、M氏から伺った話。

「家の敷地に新しい倉庫を作りたかったんだけど、ちょうどいい場所に祠《ほこら》があってさ」

小さな石作りのソレは、M氏にも子供の頃から馴染《なじ》みの深いものであった。

稲荷か何かを祀《まつ》っているのではないかと、ぼんやり考えていたそうだ。

「意味もわからないまま手を合わせてたよ、盆と正月には酒を供えたりしているのを見てたから、敬うべきっていうか、大事なモノなんだろうなって」

しかし、倉庫を新築するためには、ソレをどうにかしなければならない。

そうなった場合、神主を呼んで神事を執り行ったりするのだろうか？

その件を父や祖母に相談してみると、予想外の返答が帰ってきた。

「祠は、うちの死んだ祖父さんが石屋に頼んで作ってもらったもので、特別に何か祀ってるわけではないんだって、ただ、なんでかわからないけれどご利益はあったと」

それ故、祠に手をつけることに関して、祖母も父も反対した。

「祖父さんが現役で、うちの親父がまだ小さかった頃に、家の中に虫が湧くようになったって言うんだよね、小さい毛虫、それに触ると皮膚がかぶれて痒《かゆ》くなる」

毛虫は、どこからともなく無数に現れ、図らずもそれに触れてしまった当時のM家の面々は、全身がかぶれて真っ赤になったのだという。

「布団の中にも出てくるのが辛かったって、寝る前にしっかり確認するんだけど、起きてみると背中の下から潰れた毛虫が何匹も出てきたりする」

夜の間にその上で寝がえりをうったりするのだから、朝になる頃には皮膚のかぶれと、無意識に掻き毟《むし》った痕とで酷いことになっていたらしい。

祖父はそれを毒虫だと言い、虫が湧いた布団を焼却し、家中をくまなく掃除するなど対策をとったが、状況は一向に改善されなかった。

「飯食ってると、いつの間にか自分の腕を這ってるとか、靴のなかに入ってるとか、まぁ異常なぐらい毛虫が出た、しかもその原因はわからない」

Mさんの父親は、毛虫かぶれで高熱を出したりもしたとのこと。

「そしたら、ある晩、祖父さんが夢を見たんだと。その夢ってのが今の場所に祠を置いて拝んでいる内容だったというわけ。んで、それを真に受けて実行した」

特に何の神様を迎えるでもなく祀るでもなく、ただの石祠《せきし》を安置しただけなのに、どういうわけなのか、その日から毛虫が一切出なくなった。

以降、空っぽの祠はM家の信心を集めるようになり、現在に至る。

「当時の家は古い日本家屋だったから、ネズミだのなんだの、原因になるような動物なんかは入り放題だったろうし、毛虫だって何もないところから発生するわけがないんだからさ、見落としてただけで原因はあったはずなんだ。その原因が無くなった日と、祠が置かれた日がたまたま一致してた、そういう偶然の話として理解したんだけどね」

M氏が生まれた頃に古い家は取り壊され、同じ土地に現在の家が建った。

更に数年前リフォームしたばかりで、内装も外装も新築のようになっている。

「適当な場所に移すぐらいなら別に構わないんじゃないかって言ったの、何も壊すわけじゃないんだしさ、今時、毛虫が湧くのをビビるってのもおかしいけど、祖母《ばあ》さんと親父が大事にしている気持ちは尊重した上での提案」

　すると、しぶしぶ了解といった様子で、二人は同意した。

　それから間もなく、M氏は祠を敷地内の別な場所へ移したのだが、結果的に大失敗だったと語った。

「いや参ったよね、夜に寝てたらさ、腹の辺りがむず痒いんだよ、ボリボリ掻いてたんだけど、なんだかチクチクした変な感じもするから電気点けて確認したら、毛虫」

　一センチほどの黒いのが二匹、ベッドの上を蠢《うごめ》いていた。

　どこからやってきたものなのか、よりにもよって布団の中とは。

「早めに気付いたはずなんだけど、腹から腕から真っ赤になっちゃってさ、あれ朝まであのままだったら大変なことになってたな」

　痒みを伴う発疹と、それを掻破《そうは》した痕とで、酷いことになっていたとM氏は言う。

「あまりにも痒いから、次の日に病院に行って、飲み薬とステロイドの軟膏を貰って来たんだけど、治るまで暫くかかったよ」

　祖母と父に言われるまでもなく、M氏はその日のうちに祠を元の場所に戻した。

「親父がさ『な、シャレにならんだろ』って言ってきたんだけど、当初の判断は常識的に妥当だったと思うよ、まさか本当に毛虫が出てくるとは思わないでしょ普通。今まで一度も出たこと無いよ毛虫なんて、リフォームする前からずっと」

そうなると、どういうことになるのだろうか。

「もう『そういうことはある』っていう前提で話すけど、俺が考えるに、祖父さんは『何か』に嵌《は》められたんだと思う。どういう因果かはわからないけれど、祠に入りたい『何か』がうちにきて、毛虫で嫌がらせをして、みんなが参った所で夢を見せたんだよ。ちょっと移しただけでそんなだもん、邪悪だよ、ろくなもんじゃないよね。だけど毛虫は嫌だから、今後もよろしくやっていくさ」

倉庫は、別な場所に建てたそうだ。

シャレとマジ

「高校の頃っすね、卒業した悪い先輩たちと遊んでて」

「あぁ、よくあるパターンというか」

「え、そうなんすか？」

「いいえ、内容にもよりますね、ごめんなさい」

「夏だったんすけど、肝試し行こうぜってなって」

「あぁ、なるほど、なりますよね」

「なりますよね！　そうなんす、そんで行ったんです」

「どういうところに？」

「うちの地元に首なし地蔵っていうのがあって」

「あぁ、首なし地蔵ですか」

「あるんすよ、そういうところが」

「わかります、結構あるみたいですね」

「え、そうなんすか？」

「まぁ、地蔵ですからね」

「そうなんだ、へぇ」

「あ、ごめんなさい、続きを」

「俺は初めてだったんすけど、普通の住宅地なんすわ」

「住宅地？」

「うん、住宅地の端に、杉林があって、少し盛り上がってる」

「塚みたいな？」

「塚ってなんすか？」

「いえ、こう、少し盛り上がっているところです」

「そうそう、盛り上がってて、そこに地蔵があって」

「どういう？」

「なんつーんですかね、普通の地蔵じゃなくて、石に彫られてるみたいな」

「浮き彫り？」

「っつーんですか？　墓石みたいなのに彫ってあるやつ」

「ほうほう、それで」

「首が無いっていうか、もともとあったのが削れてて、全体的にないんすわ」

「首だけじゃなく？」

「そう、胴体とかも薄くなってて『なんだコレ』って」

「地蔵は地蔵なんですね？」

「そっすね、元地蔵っすね」

「元地蔵……」

「見た目が弱いんで、別に怖くねーってなって」

「ああ、首だけもげてれば怖いですけどね」

「薄くなってたら、ただの石っすからね」

「まぁ、そうですね」

「つまんねーなって言ったら、先輩が『だったらションベンしてみろ』って」

「元地蔵に？」

「うん、そんで、やった」

「やったの？」

「やった、ションベンかけて、蹴った」

「へぇ、良くないね」

「良くはないっすね、でもノリも大事なんで」

「それで？」

「その日帰ったら部屋にカミキリ虫が出て」

「カミキリ虫？」

「あのツノの長い奴ね、気持ち悪いやつ」

「虫だめ？」

「だめっす、トンボすらダメ」

「それで？」

「俺触れないんで、寝てた親呼んで取ってもらって、外に逃がして」

「カミキリ虫を？」

「うん」

「それで?」

「そしたら次の日も出て、そっから毎晩出て」

「え、部屋に?」

「部屋に。どっから入ってきたのか、二週間ぐらいずっと出て」

「そんなに?」

「そっす、その度に親呼んで取ってもらってたんすけど、祖父《じい》ちゃんが」

「祖父ちゃん」

「祖父ちゃんが『おめぇ何か悪さしたんでねえのが』って」

「急に? どうして?」

「ホラ、カミキリ虫だから『髪切虫』だって、ようは坊主にして謝んなきゃなんないようなことしたんじゃねえのっていう、そういう思い付きだったみたいで、シャレっすね」

「シャレ!」

「んで、首なし地蔵にションベンかけたっつったら、それはダメだと」

「ダメだよね」

「で、坊主にしろと」

「祖父ちゃんが？」

「そう、そんで、坊主にした」

「したの？」

「した、中学校の時、野球部だったし」

「へぇ、それで？」

「そしたら出なくなったんすよ、カミキリ、良かったマジで」

「地蔵には？」

「一応行って、謝って、上から酒かけて流しました」

「酒？　なんで？」

「ションベンかけたんで、洗うっつーか、そんな感じで」

「ああ、酒で清めたと」

「そっすね、元地蔵でもヤバいっすね」

「ヤバいね」

「普通思いつきませんて、嫌がらせのセンスヤベー、俺、その間、カミキリがいつ出るか不安で、殆ど寝れなくてハゲましたからね、ここ」

「あ、ホントだ、治んないの？」

「生えないっすね、自分で坊主にして謝ってなかったら全部ハゲてたかも」

「ははっ、そんで髪なくなったら次は頭削られるとかね」

「いや、それはちょっとシャレになんない」

「あ、ごめん」

「じゃなくて、その『ションベンかけろ』っつった先輩、事故って頭やっちゃって」

「え？」

「だから、そういう意味でシャレんなんないっすね、頭は」

「……」

「祖父ちゃんが『地蔵は子供の仏様だから』って、俺はガキだったたんでこんなもんだったっすけど、先輩成人してたんで、シャレんなんないっすねマジで」

江川似の人物

会社経営の男性E氏から伺った話。

八十年代、ある日のこと。

小学六年生だったE少年はいつものメンバーと近所の公園で野球をしていた。

「野球って言っても本格的なモンじゃなくて、ゴムボールとプラスチック製のカラーバットを使った素手でやる簡易的なやつね」

ビニールテープをグルグル巻きにして重さを調節した自分専用のカラーバットを構え、E少年が何度目かのバッターボックスに立った時だった。

「公園の中に小さい神社があるんだけど、そん中から誰か出てきてさ」

どうも中年の男のようだ、神社の関係者だろうか？

男は子供たちが野球をしている中をズカズカ歩いてくると、突然奇声を発した。

「まぁ、驚くよね」

状況がつかめないE少年らは、その場でポカンとしたまま動けなくなった。

「そしたら、こう、ジェスチャーで、並べみたいな動きをされて」

様子がおかしい人物だったが、何やら怒っている風でもあり、その指示に従った。

E少年を含め野球遊びをしていた十人程の子供たちが一列に並ぶと、男はその前に仁王立ちになり、甲高《かんだか》い声で説教を始めた。

「ボールぶつけやがってとか何とか、そりゃ神社の方にも球は飛んでいくし、何度も当たってはいたけれど、ゴムボールだしさぁ」

社《やしろ》にイタズラをしたり、壊したりしたわけでもない、公園で楽しく遊んでいただけである。

自分たちは的の外れた怒りに晒《さら》されているのではないかと、E少年は思った。

「そんで、謝れっつーから謝ったんだよね、仕方なく」

すると、男は来た時と同じようにズカズカと歩み去り、神社の中に入って行った。

「中で修理とかしてる人？　って思ったんだけど、それ以上そこで野球してると、またどんな難癖つけられるかわからないし、すぐ解散したんだ、帰ろうぜって」

シュンとした帰り際、友人の一人が「なんだあの江川《えがわ》みたいなやつ」と言った。

それを聞いて一同は大笑い、例の人物は、当時、プロ野球で活躍していた江川卓《すぐる》に
そっくりだったらしい。

「その時はそれでひとしきり笑って、溜飲《りゅういん》を下げたんだけど」

次の日の放課後、今日は公園へ行くべきかどうか迷いながら下校すると、野球仲間の
一人がE少年を家に呼びに来た。
「そこん家の親父が自営業の大工でね、家で仕事している人で、昨日のことを話したら
詳しい様子を聞かせろってことになったみたいで」
呼ばれて行った友人宅の庭先、しかし様子が変だった。
E少年よりも先にやってきていた数人の子供らが、昨日の人物のことで揉めている。
「それが不思議なんだわ」
一人一人、人物の風体に関して言うことが異なり一致しない。
帽子を被ったオバサンだったと言う子供。

背の高い若い男だったと言う子供。

ハゲた爺さんだったと主張する子供。

皆バラバラなことを述べていた。

「それで、俺なんだけど」

E少年は中年の職人っぽい人だったと話したが、やはり誰もそれと同じ人物を見てはいなかった。

ただ一点「江川にすごく似ている」というところだけは全員の弁に共通していた。

「江川に似たオッサンとかオバサンってのは有り得るし、爺さんであってもまぁ、江川に似た人はいるのかなって」

困ったのは子供たちを呼び出した大工の親父。

公園に不審者がいるのなら追っ払ってやろうと義憤《ぎふん》にかられていたようなのだが、一連のちぐはぐな主張を聞いているうちに、今度は子供たちを疑い出した。

「でも、疑うにしたって皆が『江川似の人物に説教された』っていう点では一致してるんでね。そもそも嘘を言ったからってどうなる話でもないし、それで、とりあえず公園に行ってみようってことになったんだ」

着いた公園、社の前まで行って格子の間から中を確認したのだが、誰もいない。しっかり南京錠がかけられており、扉はあけられないようになっている。

「考えてみりゃそうなってるの知ってたよね、何度も通ってる公園だもん」

大工の親父は首を傾げ、子供たちも首を傾げ、結局今に至るまで、わからないまま。

「後から聞いた話だと、公園の神社は近隣の別な神社の神主が管理しているもので、やっぱり普通は施錠されてるんだって、だから勝手に出入りなんてできないってことで」

子供達の目撃証言だけ考えてみても、普通の人間でないのは明白だ。

「神社の神様？　って子供にあんなケチ臭い説教するもんなのかね？　無いよねたぶん。浮浪者みたいな人が縁の下あたりにいたのを見間違えたのかも知れないけど、そうだとすると、なんで皆、それぞれ見た人物が違ったのかわかんないしね」

野球をしていた少年たち以外に、公園で遊んでいた子供がいたのであれば、もう少し違う角度からも考えられそうなのだが……。

「俺らが追っ払ってたんだよね、小さい公園だったし、チョロチョロされると野球するのに邪魔だったんで、殆ど毎日占有するような形になってたから、あのとき公園の中には俺ら以外の子供っていなかったと思うよ」

わからないままではあるのだが、結果的に、その後、彼らは別の場所で野球をするようになり、公園では他の子供たちが遊べるようになったという。

風船石の来る夜

U君の祖父の家は、町場から車で二時間ほどの場所にあった。

直線距離ではそんなに離れていないのだが、山沿いの集落であるため、道のりが何重にも蛇行しており、その分、移動に時間がかかる。

「僕の父が家を出てからは、長いあいだ祖母と二人で暮らしていました。でも、この話の二年前に祖母が亡くなって、祖父は七十代で一人暮らしをしていたんです」

なんだか様子がおかしいということは、小学生だったU君にも聞こえていた。

人付き合いを厭わず、農業指導にも熱心だった祖父が、口数も少なくなり一人でいることが増えているとか、沢山の蔵書を全部処分してしまったとか、祖母が亡くなって数年でずいぶん人が変わったとか、そんな話だった。

「祖父の近所に住んでいた親戚が声掛けなんかをしてくれていて、その人と父との電話でのやりとりを、僕は何気に聞いていたんです」

小六の夏休み、U君は祖父の家に泊まりに行きたいと言った。

「数ヶ月に一度ぐらいのペースでなら、両親と一緒に顔を見に行っていたんですが、祖父が素っ気ないせいか長居せずに帰って来ることが多くて、その度になんだか寂しそうだなと思っていたんです」

彼は優しくて知的な祖父が大好きだった、祖母が亡くなってしまう前は、遊びに行くと野山に連れ出され色々なことを教わりもした。悪い思い出など一つもない。

「父は反対したんですが、母がそれを押し切って祖父の了解を取りつけてくれました」

お盆前の一週間、U君は祖父と暮らすことになった。

送ってくれた両親が墓参りに来るまでのあいだ、二人きりの生活である。

「祖父は特に嬉しそうな顔もせず、かといって嫌そうでもなく、当たり前のように僕を迎え入れてくれました」

畑の手伝いをしたり、一緒に食事を作ったり、概《おおむ》ね問題なく山村での暮らしを楽しんでいたU君だったが、その端々で、祖父の変わってしまった一面も見た。

「生活は自立していましたし、最低限の近所付き合いもできていました。ただ、時々、変なことを言うんですね」

祖父は、まるでそこに誰かがいるかのように独語したり、U君には理解できないようなことを口にしたりした。

「例えば遠くにある山を指差して『あの山、昨日より少し右に寄ったな』とか、何もない庭先を見ながら『柿がふって来た』とか、そんな感じでした」

U君は何か変だと感じつつ、消極的に祖父を信じていたと語る。

「今考えると認知症っぽいですよね、でも妙なことを言う以外はしっかりしていたんです、掃除もキッチリやってたし、料理だって美味しかった」

両親からは毎晩のように様子を伺う電話がかかってきたが、下手なことを言うと祖父の立場が悪くなると考え、数々の妙な発言のことは伏せていた。

その日の夕方、U君が縁側で涼んでいると、祖父が慌てた様子でやってきた。

なんだろうと顔を向けた孫に「今日は後ろの○○の家に泊まれ」と言う。

「急に何を言うんだろうと思いました、後ろの○○さんは親戚で、父と電話でやり取りしていた人物なんですが、僕はあまり慣れていなかったので嫌だとゴネたんです」

明日には両親が迎えに来る予定になっている、祖父と過ごす最後の晩にどうして別な家に泊まらなければならないのか、U君の強情な態度に、結局、祖父は折れた。

「ただ、一つだけ注文が付きました」

それまでは祖父宅の座敷を開け放って布団を並べていたが、その晩だけは仏間と床の間の間にある襖《ふすま》を閉める、と祖父は言った。

「僕は奥の床の間、祖父は縁側に近い仏間で寝るのですが、夜の間は絶対に襖を開けるなとのことで。どうしてなのか訊いたら『風船石が来る』と、また妙なことを言いました」

当初、祖父が何を言っているのか聞き取れず「フーセイシって何?」と問うたU君の前で、祖父はメモ帳を取り出し〝風船石〟と書いた。

「こっちからしてみれば、その『風船石』が何なのか知りたかったんですが、その説明も意味不明で……」

――子供が見るもんじゃない、赤だの緑だのになってしまう。

と、謎に謎を重ねるような返答しか得られなかった。

「家に居てもいいけれど、とにかく襖を開けるなと、それだけしつこく言われました」

夜、襖を締め切ったため蒸し暑い床の間で眠っていたU君は、突然目覚めた。

「頭の中にピカッと閃光が走ったんです、それでハッと目覚めました」

何時なのかはわからないが、隣の部屋では祖父が寝ているはずだ。

風船石とやらは来たのだろうか？

「気になりますよね、当然」

襖を開けるなとは言われたが、隙間から覗くなとは言われていない。

しかし、覗き込んだその隙間からは一切何も見えなかった。

欄間から明かりが漏れていないため、向こう側も電気は点いていないようだ。

どうにかして覗くことはできないだろうかと考えているうち、尿意を催した。

「それで、仏間とは別方向にある引き戸を引いてトイレに行こうとしたんですが」

開かなかった。

寝る前には問題なく開閉できた戸がビクともしない。

なんだろう、おかしいとは思ったが、尿意は切迫している。

「しょうがないので両手で取っ手を掴んで思いっきり引いたんです」

ビリビリビリッと何かが剥がれる音がし、戸は開いた。

触った感触で、戸には外側からガムテープが貼ってあったのがわかった。

「ようは内側からは開けられないようにしていたんだと思います」

祖父宅は四角形の平屋で、U君が眠っていた床の間は玄関から一番遠い位置にある。

表に出るためには開けることを禁止された仏間側の襖を開けるか、ガムテープが貼られていた引き戸を開け廊下をぐるっと回るしかない、トイレはその途中にあった。

「なんでこんなことをと、初めて祖父が怖くなりました」

尿意は失せ、同時に彼は気付いた。

「襖を開けなくても、廊下を回れば縁側なんで、仏間の様子がわかるんです」

あるいはさっきの音で気付かれたかもしれないが、理由もなく孫を閉じ込めるような祖父ではない、怖くはあった、でもそれを放置し続けたまま寝ろというのは無理な相談だった。

「直接祖父に問いただきないと、かえって怖いんですよ。最悪、裏の○○さんの家に逃げ込むことも考えていました」

足音を立てないように廊下を進み、見えてきた縁側、そこに祖父が倒れている。

「うつ伏せで尻を突き出すような格好でした」

驚き駆け寄るU君は、開け放たれた窓の外に何かを見た。

「庭に、巨大な二メートルぐらいかな……の石みたいなものが浮いていたと思います、でも何だったのか、しっかり見る前にダメになっちゃったんです」

庭に目を向けた瞬間、赤や黄色や緑の閃光が頭の中で炸裂し、彼は気を失った。

「気づいたら朝で、祖父と朝食を食べていました」

目覚めた記憶もなければ、パジャマから着替えた記憶もなく、どうやって食卓についたのかすら覚えていなかったが、とにかく次の日はそのシーンから始まったと彼は言う。

「普通にご飯食べていて、祖父も前日と変わりなくて」

あれは夢だったのか？　と振り返ったU君に、祖父が言った。

――風船石見たべ、もう来ない方が良い。

「祖父の話では、祖母が亡くなった後から、庭にアレが出るようになったと。裏の○○

さんにも相談したことがあるそうなんですが、痴呆扱いされて、一度父とも揉めたらしいんですね。祖父自身も何なのかわからないし、説明もできなければ対処もできない、相談したらしたで施設に入れられそうになるから黙っているしかないと」

石は毎晩出現するわけではないのだが、どのくらいの頻度で出てくるものなのか祖父自身も既にわからなくなっており、自分がどんどん馬鹿になっていくようだと嘆いた。

「ただ、来そうだなっていう予感はあるようで、前日は夕方急にそれがわかって慌てたそうなんです、孫を守らなければと、祖父なりに必死だったようで」

どうやら祖父は、自分自身が認知症になりかけていることを、自覚してもいたようだ。

「アレが来るたびに馬鹿になるって、本を処分したのもアレのせいだって、もういい加減わけがわからなくなってきているから、何が本当で嘘なのかもわからないと、風船石という名前も、馬鹿臭い呼び方だって自分で言ってました。でも石が浮いているからそのぐらいしか呼びようがないし、自分はどんどん馬鹿になってると、何度も」

祖父の妙な言動は、認知症故の幻覚だったのかもしれないとU君は言うが、風船石に関しては自分自身でそれを見てもいる。

「そうなんです、頭の中も赤とか緑になったし、アレが祖父の幻覚だったとして、それをどうして僕が見たんでしょうか？　でもあんな大きな石が時々であれ庭に飛んで来るのであれば、夜中でも周囲の人たちが気付いたっていいですよね、祖父の話だと二年ぐらいは断続的に出てきているってことだったので」

　わからない、本当にわからない。U君にはどうしようもなかった。

「祖父が嫌がったので、僕もあれ以来祖父の家には泊まっていません。両親と一緒に風船石を確認したくはあったんですが、僕は僕で怖かったんです、悩みましたが今でも親には伏せたままですね。祖父はその数年後に施設に入って八十歳で亡くなりました。最後は本当に認知症になって、僕のこともわからなくなって……」

　わからない話に結論を求めても仕方ないのだが、訊いてみた。

「どうなんでしょう、ほんとにどうなんでしょうね……でも、あれが認知症そのものって捉え方はできるのかな、認知症を具現化したものと言うか……うーんでも、わかんないですね、わかんないです、すみません」

わすれていくこと

三十代の女性、Ｌさんが小学生の頃の話。

「何年生の時の話だったか、ハッキリしないんですが……」

ある日、ふと違和感を覚えた。

「毎日一緒にご飯を食べているこの人、誰なんだろうなって」

Ｌ家は当時、彼女の他に両親と祖母の四人暮らし。

しかし、飯時になるとどこからともなく知らない人が現れて一緒に食卓を囲んだ。

「それまでは、特にどうも思っていなかったんじゃないでしょうか、そういう人がやってきて一緒にご飯を食べてというのがずっと日常だったので」

その人は、Ｌ家の居間で家族と同じように座り、同じ内容のものを食べ、それが済むと何処へともなく消え去る。

「なので、その日、居なくなった後に、あの人誰なの？　って親に聞いたんです」

すると彼女の両親は「あの人？」と不思議そうな顔。

Lさんが「いつもご飯食べにくる人だよ、さっきもいたよ」と言っても、何のことやらわからないと言った風に首を傾げている。

なおも食い下がる彼女に対し、母親は目の前で食器を数えて諭した。

「確かに四人分しかないんです、でも食べてたんですよ、同じものを同じように」

続いて、話を面白がった父親が「どこに座ってた？」と訊ねてくる。

「それで『え、そこ』って指さそうとしたんですが、ほんの少し前のことなのに、あの人がどこに座っていたのか思い出せなくて」

急に怖くなり、泣き出してしまったそうだ。

「小さい頃のことですけど、その時に感じた恐怖感が今でも残っているんですよね」

見知った存在が自分の中で急速にぼやけてしまうような感覚が強烈だったらしい。

「だってほんと、それまでは日常的にありふれた存在だったんですよ、毎日毎日、三度三度同じ食卓を囲んでいたはずなのに」

その日以降、知らない誰かが食卓に現れることは無くなった。

では「その人」はどんな人だったのか? 男? 女? 若い人? 老人?

そう訊ねると、Lさんは苦しそうに顔をしかめ「思い出せないんです」と言う。

「その後も、何かの拍子に家で話題にはなっていました『小さい頃こんなこと言ってたよ』なんて、親の方からもその時の話が出たりして」

彼女は現在独身、祖母も両親も既に他界している。

「その時はもっと色々、あの人の性別や年齢、容姿の話とかもしていたはずで、それで盛り上がったりしたこともあったんですけど、今は『それで盛り上がった』という記憶しかなくて、どんな話をしていたのか、そもそもあの人がどうだったのか、はっきりしなくなってきています」

最低でも二十年以上前の出来事だから、仕方ないと言えば仕方ないのかも知れない。

「えーと、いえ、仕方なくないんです、忘れるわけないんです、え? でも、いや、スミマセン、そもそもこういう話でもなかったのかも知れなくて、ホント、すみません」

今回も、わざわざ水を向けられなければ、思い出しもしなかったのではないか、と、青い顔をしてLさんは言った。

セレモニー担当

三十代のR氏は寺の住職。

「霊感？　まぁ、よく訊かれますけどね、無いですよそんなの」

寺に生まれ寺で育ち、専門の教育を受けて僧になった彼は、見るからに徳が高そうな顔をしており、立ち振る舞いは洗練されていて、品も良い。

「営業職のビジネスマンが汚い格好をしていたら売れるものも売れませんでしょう、それと同じことです。私などはセレモニー担当のサービス業ですからね」

穏やかな口調とは裏腹に、身も蓋も無いことを言う。

「ですから日々、檀家《だんか》さんに求められる人物像を裏切ることのないよう心を砕いております。葬式仏教には葬式仏教なりの矜持《きょうじ》があるのですよ、私が幼い頃から叩き込まれてきたのは、そういうものです」

自身の所属する宗派の在り様を自虐的に述べているのかと思ったが違うようだ。

しかしそれならば、檀家によって〝霊能力を求められる〟ことがあった場合、対応は可能ということだろうか?

「霊能力とやらが何を指しているのかわかりませんが、見えないものは見えないですし、聞こえないものは聞こえない、ですから対応しろと言われてもできませんね」

面白い人がいるということで紹介されたのだが、これでは取り付く島もない。

上品な割に明け透けにモノを言うキャラクターは小気味よいものの、求めているのはそういった面白さではないのだ。失礼のないところで場を切り上げようと決めた私の前で、進呈した著作をパラパラと捲《めく》りつつ、R氏は続けた。

「本来、こういう世迷い言に惑わされないようにというのが釈尊《しゃくそん》の教えです、それ故に修行をし、思惟《しい》を積みかさねるのです。ただ、私は現在セレモニー担当に過ぎませんから、今回はご希望に添いましょうか——」

※

あるお宅で、幼い息子さんが亡くなりました。

どのような亡くなり方だったのかは関係ないので伏せますが、一周忌を終えて暫くした頃に、ご両親がお見えになって「息子がまだ家にいるようです」とおっしゃる。

ええ、一連の葬儀を受け持ったのは私です、しかし、先ほども申し上げましたように、私はセレモニーとして納得頂ける状況を檀家さんに提供するのが仕事であって、亡くなった方が、その後どうなったのかまではわかりません、そもそも確認のしようなどありませんからね。

ここで先ず問題になるのは、そのご両親が、息子さんの葬儀にご不満を抱いてらっしゃるのかどうかということです。私が取り仕切った葬儀、つまり提供したサービスの質が低かったということであれば、丁寧に謝罪して許しを請いますが、そのせいで自分の息子が成仏できないでいる、などという話になると、これはもう私の手には余る。

あとは精神的な負荷の問題、家族との死別は誰でも身に堪えます、それが幼い子供であれば尚更でしょう、それによって心のバランスを崩されているような場合も、私がどうにかできる範囲は限られています。ケースによっては医療の助けを借りた方がずっと楽になれることもありますから、そのあたりも判断しなければなりません。

今回は、ご夫婦共に、状況を客観的に認識できている方々でした。

葬儀に対する不満でも、病的な精神的不調でもなく「亡くなったお子さんを日常的に意識し続けている自分たち」に区切りをつけたいと、そのための法要を行いたいという申し出でしたので、それならばと承りました。

辛いお気持ちは察して余りありますからね、言葉は悪いですが演出も派手な方がいいだろうと、懇意の葬儀会社に連絡し、寺からの供物という形で、ご自宅に簡易的な祭壇を設えた上で、私が出向くことにしたのです。

そして当日、祭壇の前でお経を唱え始めました。

すると、トテトテトテと、子供が廊下を走るような音が聞こえるんですね、それ以外にも袈裟《けさ》を引っ張られたり、笑い声のようなものが聞こえたりする。

修行が足りないのは自覚しておりましたが、今回はご夫婦の悲しみに同調し過ぎたかと、そんな風に理解し、読経を続けました。その場にいた私以外の人間が誰も取り乱す様子が無いのに、私だけ妙なことを言い出せば泥沼ですからね。

終わって振り向いたところ、ご夫婦が静かに涙を流しながら「息子の嬉しそうな笑い声が聞こえました」と。私にも聞こえましたとは言いません、ええ、もう亡くなっていらっしゃる息子さんの声が聞こえるわけはないのです、あくまでご夫婦それぞれのお気持ちの中で笑っている、それでこそ区切りもつくというものでしょう。

ただ、その時にですね、部屋の隅で待機していた葬儀会社の社員の傍らに、その亡くなったお子さんが立っているのが見えました。はい、お笑い下さい、何もかも私の未熟故です。

見えるはずのないものが見えるというのは、ひとえに自身の修行不足が招いた魔境の産物、恥でこそあれ、決して優れた能力などではないのです。

私は己の恥を悟られぬよう、ご夫婦に頭を下げ、何食わぬ顔で葬儀会社の社員に祭壇の後始末を頼みました、子供はニコニコしながら、その社員の足元にまとわりついています。

その後、速やかに仕事を開始した社員を尻目に、私は居間に案内され、お茶を頂きつつ、ご夫婦を労いました。お二人とも、今後は前向きに暮らしていけそうだと、良い表情をなさっておりましたので、私も安堵致しました。

※

「え？　子供ですか？」

もちろんそうだ、良い話風に中途半端で切り上げられた感が強すぎる。

「知りませんよ、私が見ていた限りでは、最後まで葬儀会社の社員にくっついて、撤収の折に一緒に車に乗って行きました」

それは、ありなのだろうか？　供養の結果として。

「申し上げますが、私がおこなったのは、あくまでご夫婦への心理的な効果を狙った儀式であって、アナタが好むような除霊や退魔などとは違いますよ」

いやしかし、せっかく祭壇まで設えてお経をあげた結果が、どこの誰とも知れぬ葬儀会社の社員と共に車に乗って行ったというのは、私の心理的に納得しかねる。

何より、その社員の人は大丈夫だったのだろうか？

「その後もぼちぼち別な葬儀で顔を合わせますが、変わった様子はありませんね」

するとと子供は？

「さぁ、そもそも、もう亡くなっているわけですから、この話は私が『そう見えた』というだけで、その子の幽霊の実在を証明するようなものでは無いですし」

理屈としてはそうなのだろうが、いや、理屈？　の通用する話でもないのか……。

「まあ、あれが泣き顔であったり、辛そうな表情なら、私もそれに囚われていたかもしれません。私の頭の中の出来事だとしても、あの笑顔には救われたんじゃないでしょうか。修行が足りんですね」

涼しい顔をしてR氏はそう言った。

びっくりラジオ

五十代の専業主婦、Ｉさんから伺った話。
彼女は毎晩の散歩を日課としている。
盛夏の頃、その晩も、夕飯の片づけを終えた二十時過ぎに家を出た。
歩いて三十分程のところにある小学校まで行き、戻ってくるだけのコース。
途中、近隣の農家が管理している大きな畑があり、その傍らを通った時だった。
「真っ暗な誰もいない畑の中から、人の声が聞こえてきたんです」
音の雰囲気から、どうやらラジオによるものだとわかった。
人のいない時間帯、夜通し音を流すことで、それを獣除けにしているのだ。
以前から、野生のシカやイノシシなどの食害があると聞いていた。

奥まった所にある畑には、電流の流れる柵が設けられているのを見たことがある。
子供たちの通学路に隣接している畑に、それは危ないと判断したのかも知れない。
結果、苦肉の策としてラジオを流し始めたのだろう。
そんなことを考えながら、背筋を伸ばして先へ進む。
ラジオからの声は、一定の音量で夜の空気に溶け込んでいく。
どんなことを喋っているのか、彼女の位置からは定かでない。
「でも、なんだかおどろおどろしい雰囲気だけは伝わってきました」

畑を通り過ぎ、別な住宅地の中を通り抜け、小学校の校門の前で引き返した。
同じ道を戻ってくると、再び例の畑に差し掛かる。
そろそろあのラジオの音が耳に入ってくるはずだ。
「そしたらものすごい勢いで『ぎゃあああああ』って聞こえたんです」
一瞬、足を止めてしまう程の迫力だった。
間もなく二十一時を迎える頃、田舎道に人の気配はない。
それがラジオからの音声だと判断はできたが、自然と足早になった。

獣除けのためのものだから、急にボリュームが上がるのだろうか？

いささか怯えながら、生温い夜道を急ぐ。

畑の横を通り過ぎ、ラジオの音量が届かないところまで来たその時だった。

「『ぎゃあああああ』って、また、ものすごい声がして」

辻斬りにでもあったような衝撃を覚え、思わず身を竦《すく》める。

もうラジオは近くに無いはずなのになぜ？

考えてみるも、もちろん答えは出ない。

ただ、早く家に帰った方がよさそうなのは間違いない。

歩く速度を更に早め、自宅を目指したが――。

「その間、同じことが計三回起きました」

夜道の傍らから響く、まるで自分を驚かそうとするかのような叫び声。

終いには、笑ってしまったと彼女は言う。

いくらかでも虚勢を張らなければ、どうにかなりそうだったらしい。

家に着くと、シャツがいつにも増して汗まみれになっており、改めて寒気がした。

「獣除けのはずなのに、人に対しての方が効果あるんじゃないかと」

以来、散歩には旦那を同伴させているとIさんは言う。
今でも同じコースを歩いているが、ラジオが流れていたのはあの日だけ。
後日、畑の持ち主に確認すると、ラジオを置いたことは一度もないと言われたそうだ。

みなし福の神

「土地持ちの古い家で、先代までは町の名士っつーか、名実ともにある人だったんだが、その息子ってのが良いも悪いもわかんねぇボンクラでね、もういい歳なんだけど、持ってる土地を貸してるだけでビビるくらい金入るってんでまぁ、金持ち面して偉そうなんだこれが。ただ、こっちは親の代からの付き合いだし、呼ばれれば行く、仕事は仕事だからね。内容によっては多少ふっかけるつもりだったけども」

「水量で七十トンぐらいある立派な池なんだよ、だいぶ古いもので、裏の山から湧水を流し込んでるから水質も良くて、ええ？　これ埋めんの？　って思ったもん。庭とのバランスなんか見ても明らかに生かしておいた方がいいよなって、素人でもそう感じるほど見事なもんだったけど『絶対に埋める』っってきかねぇんだ。んで、どうすんの？

離れでも建てんの？　って訊いてみたら、そうじゃないと」

「気味悪いって言うんだわ、池が。はぁ？　つって、だってアンタ今まで何十年とこの家で暮らしてきたのに、それを今さら何言ってんのと。あ？　いや焦んなって、話には順序が大事なんだから。んでな、何が気味悪いんですかと、訊いたよね、もちろん。いや水モノ扱うのはこっちも気ぃ使うんだよ、よく井戸なんかは言われるだろ？　お祓いもしないで雑に埋めると祟るとかさ」

「だから俺らも井戸に手ぇ出す時はちゃんとお祓いもするし、単管パイプ通して息継ぎ出来るようにとか、色々手順があんのさ。業者によっちゃ扱わないってところもあるよ、祟られたくねぇって。迷信の類だと頭ではわかってても、何かあればそのせいにしちゃうもんなのよ『あそこの井戸埋めたからだ』って、そういう風に思っちまう奴らがいるってこと。俺？　俺もまぁ、どっちかっつぅと好んではやらんよね、大した儲けにもなんねぇし」

「井戸で言えば、不思議と悪いことが立て続けになる傾向はあるらしい、うん、それまで上手く行ってたことが急にドン詰まるようなケースが多いとかってね。悪けりゃ何人も死んだり、そういう話も聞くからさ、こっちとしてもそれなりに気を使ってやるわけ。だって何かあった場合に『お前らが杜撰《ずさん》な工事したせいだ』って言われると面倒でしょ、馬鹿馬鹿しいと思っても、そういう考えが生きてるうちは現実問題として馬鹿にできねぇ」

「話戻すとさ、その家の先代がその前年に亡くなっててんだけど、ちょうど一周忌が終わったところだからって、もういいだろうから埋めると。先代は庭も池も大事にしてて、結構金かけて維持してたのは知ってたんで、親不孝な野郎だなとは思ったけど、詳しく聞いてみると妙な話でね、その池には鯉《こい》も何も放してないのに、何かいるんだっつうのよ。先代はその『何か』をすごく大事にしてたんだけど、それが息子には見えねえっていう」

「泳いでるんだって、なんかが、池を。先代も先々代も見えてたし、自分の息子、先代から数えて孫だな、も見えてると、何かはわからんけど何かいるって。でも自分だけ見えねえんだと言うわけ。それが腹立たしい気もするし、わけのわかんねえモノが泳いでる池を維持すんのも薄気味悪ぃから、そんで埋めるんだと。真剣な顔で言うからさ、古い家ってのも大変だなと、そんな厄介な話、普通無《ね》ぇでしょ」

「池ってのもね、井戸と同じようなもんで、俺らの業界の常識によれば、そのまま潰すのは良くないってことになってる。やっぱお祓いだの何だの手続き踏んでやんないと、一家離散とか、離婚とかね、家族仲に関わる悪いことが起こるっていう、そういう話があるんで、お祓いはしましょうと。その上で工事にかかりましょうってことになった。うん、特に反対されることもなく。何か変なのがいるんだとすれば尚更だってことで」

「そんでまぁ、当日、神事も無事終わって、んじゃあ池の水抜きますかと、山からの流れを止めて、ポンプで汲み出し始めたんだけど、こう、水位が下がってきた時に、うちの社員が『社長、なんかいますよ』って言い出した。ええ？　つって俺も池ん中見たんだけど、何も見えねえ。んでソイツに『どんなの？』って訊いてみたら『何かオオサンショウウオみたいなのがノタってる』と。いや、俺は何も言ってないんだよ、例の話なんて一言も」

「その社員は『完全に水抜けば皆もわかりますよ』って、本当になんかいると思ってるわけ。いやいや、オオサンショウウオなんて天然記念物だからね、いくら古いっつっても個人宅の池になんていねぇよと思いつつ、変なの出てきたら困るし、俺もちょっと身構えてたんだが、結局水抜いたら何もなくて、ソイツも『あれ、おかしいですね』なんて、ずいぶん大きかったらしいんだわ『不思議だ不思議だ』っってたな」

「いやでも、これ問題じゃねえのかなと、お祓いはしたけれど、やっぱ何かいんじゃねえかと、もっとも俺にもソイツ以外の社員にも何も見えてないわけだから、気のせいってことにしとけばいいんだけど、なんかあっても嫌だしなと思って、いったん作業止めて、どうすっか考えてたんだよ。報告だけでもしとこうかとか、もっかい神主呼ぶかとか。そしたらさ、ボンクラが出てきて『チンタラ遊んでねぇで早く終わらせろっ』つってさ」

「うん、もう埋めたよ、だって埋めろっつーんだもん、ボンクラには全部黙って、粛々と工事した。まぁ後でね、変なとばっちり来なけりゃいいなと、それだけ懸念して、俺等は俺らで神社に出向いてお祓いしてもらったんだけど、そのお陰様か今のところなんもねぇな。ただまぁ、なんでうちのアイツに見えたのかは謎だね、家で大事にしてたもののなら家の人しか見えねぇのかなと思ってたんだけど、違うのかも知れん」

「そんで結局どうなったと思う？ そのちょっと後でさ、ボンクラの息子が大学の夏休みで帰って来たんだわ。これが優秀で良い大学通ってんだけど、池埋めたこと知らなかったみたいで、すっかり変わった実家の庭を見渡して『なんかウロウロしてる』っつったらしいんだな。例の何かが、池無くなったんで庭を行ったり来たりしてるって。そしたらボンクラがさ、それはそれでかえって気味悪いと、もっかい池作ることんなって」

「いや何かはわかんねぇよ、わかんねぇけど仮に、オオサンショウウオみたいなのが自分ちの庭うろついてたら気持ち悪いよ、しかも見えねえんだからさ。今までは池の中にだけいたのが、池なくなったから庭にいるって、そりゃそうかと。ナマの生き物じゃないんでね、池埋めたぐらいじゃあどうにもなんねぇよな。お祓いも効かないし、だったら決められたところで静かにしててもらった方がナンボかマシだと俺も思う」

「んで、うちは埋める工事はできても池なんて作れないいんで、別な業者手配してやってもらったんだけど、そのオオサンショウウオさ、どうせなら、どうにかしてかっぱらえば良かったなと思って。もしかしたらあの家がやたらと金持ってんのは、ソレのご利益だったりすんじゃねぇのかなと、そんなこと考えましたね。うん、欲しいよね福の神。ほんと、どうにかできねえもんかねぇ」

ぬれぎぬ予言

R君は、幼い頃から昆虫が好きだ。

「小学校の夏休み中でした、あの夜は学校のプールに忍び込んで、たも網で水カマキリをすくっていたんです」

山沿いの街灯の下でカブトムシを拾った帰り道、ついでに寄ってみたらしい。

生徒に開放され賑やかな昼間と違い、静まり返ったプールサイド。

ライトで水面を照らし、夢中で水カマキリを追っていた彼だったが、不意に手が滑り、持っていた網を水の中に落としてしまった。

どうしよう、服を脱いで飛び込むべきだろうか、それとも明るくなってから出直した方がいいのだろうか、逡巡《しゅんじゅん》していたところ、背後から声が聞こえた。

驚いて振り返ると、プールを囲うフェンスの向こうに人影がある。

暗がりのため、どのような人物かハッキリとは確認できないものの、雰囲気からして大人の男のようだ。

「その人がね、ごにょごにょって、なんか言ってるんですね」

こんな時間に小学校にいるなんて、どうかしている人物であることは間違いない。

網を諦め、手に持ったライトを消して逃げの体勢に入る。

「そしたらですね、真っ暗な背後から、いやに明るい声で『お前がイタズラしたせいで、明日、ヘリコプター来るから！』って、そういうことを繰り返し言われたんです」

R君はそのまま駆け出すと、反対側のフェンスを乗り越え、一目散に家へ帰った。

「当時はうちの近所にも妙なおっさんが沢山いましたから、昼間から酒瓶持って叫んでるのとか、散歩中の犬をけしかけてくるのとか、その類かなと思って。それにしてもヘリコプターって何だよと」

次の日、いの一番にプールに乗り込んだR君は、無事に網を回収すると、やってきた他の子供たちと一緒に水遊びを楽しんだ。

「朝イチは監視バイトの高校生だけなんで、先生に咎められることもありませんでした」

午前中いっぱいをプールで過ごし、家に帰って昼食を摂った後に昼寝をきめこんでいると、何だか慌ただしい雰囲気に目が覚めた。

「玄関口がうるさくて、どうしたのかと思って出て行ったら、俺の同級生が『○○がプールで溺れたって！』と、興奮した様子で」
○○は一学年下の男の子、見知った顔ではある。
自転車に飛び乗り、訪ねてきた同級生と向かった小学校は騒然としていた。

既に救急車が到着しており、近寄ることはできなかったが、隊員らしき人たちが大汗をかきながら処置にあたっているのはわかった。

「そして、ヘリコプターが来ました」

校庭の砂を巻き上げ、ものすごい音とともにそれは着陸した。

後にR君が聞いた話では、近隣の病院では○○君の対処は不可との判断から、対応可能な病院のある大きな街へ搬送するために要請されたものだったという。

——うわぁ、ヘリコプターだ。

しばし放心した後、昨夜のことを思い出し、にわかに緊張。

「え、俺のせいじゃないよね？　と」

R君は、前夜、変質者らしき人物に言われた内容を思い出していた。
どう考えても自分のせいではないのだが、何だか後ろめたい。
混乱し頭がまとまらないまま、ブルブル震えて自宅へ逃げ帰ったそうだ。

○○がどんな原因で溺れたのかは知らないが、その前の晩に自分がプールに忍び込んで水カマキリをすくっていたのは事実、小さなことが積み重なり、廻り巡って自分がその原因を作ってしまったということはないだろうか？　そう思うと夜も眠れなかった。
「まあもちろん、そんなことないんですけどね、でも子供だったんで、かなり気に病みましたよ、それもこれも、あの変質者が妙なことを言ったせいなんですが」

今でも夏になると、思い出したくもないのに思い出してしまうと彼は言った。

蚊を捕まえるぐらいの力

四十代の男性G氏より、公園のベンチに座りながら伺った話。


「最初は中学の頃かな、二年生だったたと思う」

当時、野球部に所属していた彼は、もっぱら球拾い専門だった。

学校のグラウンドで練習できるのは一軍の生徒たちのみで、G少年は二軍に所属していたため、近隣にある草が生えっぱなしの地区グラウンドでの練習が主だったと語る。

「二軍の球拾いだから、まぁ相当下手で、いつも外野の奥で暇してたよ」

ある時、練習中にボーッとしていると、視界が一瞬変になった。

「妙な所にピントが合うというか、まったくピントが合わなくなるというか、表現が難しいんだけれど」

彼の弁によれば、立体視の要領で目の見え方を変えて暇をつぶしていたところ、あるポイントで自分の周りの様子がとてもクリアに見えることに気付いたのだそうだ。

「草とか、地面を這っている虫の動きとか、あとは風の流れみたいなものとかが感覚的にわかるんだよね。『目で見る』んじゃなくて『目で感じる』っていうのが近いかも、見てはいるんだけど、その見え方が拡張されるっていうか」

なんだろうと思い、それ以降、暇さえあれば「それ」をやっていたという。

「練習じゃないけども、面白かったから自分の部屋とかで毎日何時間もやったな」

そんなある日、学校の授業中、何の気なしに目の見え方を変えていたところ、教室の中に見知らぬ人物が立っているのが見えた。

「クラスの中で一番優秀だった女の子の後ろに鎧武者《よろいむしゃ》が立ってるのが見えた」

ずっと見続けることはできなかったものの、見え方を調節しながら何度かトライする度、突然ピントが合ったようにその姿が現れたらしい。

「その時だけ、ピントが合った一瞬だけなんだよね、ああでも難しいな、ピントが合うっていっても、鎧武者にピントが合っているわけじゃなくて、鎧武者がいる世界というか、そういう別なレイヤーにピントが合ってるって感じなんだ」

鎧武者が何者で、どうして彼女の背後にいるのか、気になって本人にそれとなく訊ねてみたところで、良い反応は返ってこなかった。

「守護霊とか言うし、先祖が武士とか、そういうことなのかなと思ったんだけど、本人に聞いても『はぁ?』って感じで、そりゃ女子中学生が先祖のことなんて知らないよね」

もしかすると更に色々なものが見えるようになるかもしれないと期待し、一時期は結構頑張ったそうなのだが、それ以上の能力にステップアップすることはなかった。

「ただ、高校の時も大学の時も教室で同じことやると、やっぱり何人かの後ろにその場にはいない人間が見えることはあったよ、まぁ、見えるだけだけども」

それは霊能力のようなものなのだろうか?

「どうなんだろう、スプーン曲げられるかもとか思ってやってみたけどダメだったし、心霊スポットとかでやってみても不思議なものは見えなかったなぁ。人ごみなんかでもやってみたんだけど、人が多すぎる場所って、人間一人が植物や虫とかと同じような存在感になるからわからないんだよね、何か見えてても捉えられない」

なるほど、何を言われているのか、私にはわからない。

「自分の見え方の問題だし、見えたものに対して干渉もできないんでね、人生において役に立ったことなんてないな」

その「見える力」は、歳を取るごとに衰えてきており、既に四十を超えた現在では、以前のように人の後ろに立っている人物を感知することはできなくなったとのこと。


話を聞かせてもらった礼を述べ、ベンチから立ち上がると、G氏は「あ、ちょっとまって」と私を呼び止め、自分も立ち上がった。

二人で向かい合うと、彼はどこを見るでもない呆《ほう》けたような表情になり、突然、しゅしゅっと右手を動かした。

「これ、もうこれぐらいしかできない」

そう言って、そっと開けられた右の手の平から、蚊《か》が二匹飛び立っていく。

「見方によって、虫の動きとかは辛うじてまだわかるんだ、と言っても昔から蚊ぐらいしかつかめないんだけどね」

動体視力とも違うのだと、G氏は言った。

きっと、彼なりのデモンストレーションだったのだろう。

別れてから、藪蚊のいそうなところで呆けたような顔をして手を振ってみたが、私には蚊を掴むことはできなかった。

少年と朽ちもの

この話を聞かせてくれたT氏は当時小学四年生、昭和五十年代のこと。

「もう四十年も前だけどさ、やけにハッキリ覚えてるんだよ、小学生の頃の思い出なんて、修学旅行のことすらおぼろげなのに」


その年の夏休み、T少年は暇を持て余していた。

彼の家があったのは、山に面した田園地帯の奥にある小さな集落。

「なんもないんだよ、山と川以外には、田んぼと畑しかない」

小学校までは徒歩で一時間以上かかる距離、近所には同じ年頃の子供もおらず、遊び相手といえばその辺に湧いてくる夏の生き物ぐらい。

「学校の決まりでね、高学年にならないと学区内を自由に移動しちゃダメってのがあって、それを破ると上級生とかにイジメられるんだ、見つかった場合」

学区の外れに住んでいたT少年は誰と遊べるわけでもなく、どこへ行けるわけでもなく、一人で家の周辺をブラブラする以外に過ごしようがなかった。

「親は共働きだったから、昼間は祖父さんと祖母さんが家にいたんだけど」

その祖父母も、雨の日でもなければ野良仕事に出ており、T少年は相手にされない。

虫を捕まえたり、小魚を獲ったりはするものの、その辺に溢れかえっているそれらの生き物を眺めているだけでは面白味など感じなくなっており、仕方が無いので色々な方法で殺してみたりしながら、日々をやり過ごしていたそうだ。

「反応が欲しかったんだと思う、自分で手を下して何か結果を得たかったのかな。生き物の命を奪うことはそれに一番近かった。ただささ、虫も魚も蛇もカエルも随分殺したと思うんだけど、面白いのは最初だけでね、そういうのにもやっぱり飽きるんだ」

日々、何か面白いことはないかと思案していたT少年は、ある時ふと思い至った。

「町の方へ向かわなければ地区を外れても大丈夫なんじゃないのって、人気のある場所に向かうから見つかったりするんであって、人のいない方へ行く分には見つかりようもない、だったらそっちに行ってみようかなと」

そして彼は家を出ると、町場とは反対の方向、山へ向かって歩き出した。

「通ったことはないけれど、道があるのは知ってたから」

歩いて十数分、ついた山のふもと、森の奥へ延びるのは舗装もされていない細い道。雨が降れば小川のようになるのであろう、所々が水の流れで抉られたようになっており、車など到底走れそうにない。

「何の気無しに歩いて行った、道がどこに続いているのかとか全然考えていなくて、行った先が着いたところっていう、そんな感じで」

もっとも、夕飯の前には家に戻らないと大目玉を喰ってしまう、子供なりにその辺を勘案しながらダラダラ進んで行くと、少し離れた藪の中に何かあった。

「四メートル四方ぐらいの、くたびれた建物でね」

興味をそそられたT少年は道を外れ、その建物に近寄る。

板でできた四角の箱に飾り気のない屋根が乗っただけの小屋、風雨に晒《さら》され、朽ちるのを待つばかりと言った風情だが、土台はしっかりしており、入口まではゆるい石段がある。

「神社か、それに近い何かだろうなと思った」

しかし鳴らす鈴があるわけでも賽銭箱《さいせんばこ》があるわけでもない。

両開きの引き戸は一方が開いており、もう一方は外れたまま打ち捨てられている。

中を覗いても、黒くなったムシロのようなものと、酒瓶が転がっているばかり。

「ホント何もない、カマドウマが沢山いたぐらいで」

つまらないなと思いつつ、ぐるっと裏手に回った時だった。

「人がいた」

小屋のたもとに背中をあずけるようにして俯《うつむ》いている。

T少年は後ずさると、死角に潜んで様子を伺った。

ぼろ切れを泥水で洗ったようなものを着た、白髪でざんばら髪の老人。

髭が細長く伸びており、昔話の仙人を思わせもするが随分汚らしい。

煤《すす》けたような顔色、手足は痩せ細り、骨に皮が張り付いているような有様。

「間もなく死にそうだなと」

時々、手指や首をゆっくり動かしはするものの、生気がまったく感じられない。

瀕死《ひんし》と言える状態の老人を黙ってしばらく見守ると、T少年は意気揚々と家に帰った。

「面白いもの見つけたって、興奮してさ」

次の日も、その次の日も、小屋に行き様子を伺う。

「どっかに行ってしまってたら残念だったけど、あの調子なら動けないだろうなと。実際ずっとそこに居てね。え？　ああ、親に報告するとか、助けてあげようとか、そういうことは全然思わなかったんだよ。なんかあのまま朽ち果てていくのが自然な感じがして、邪魔するのも悪いかなっていう」

今さらT少年の倫理観に口を挟んでも仕方が無い、当時彼はそうだったというだけ。

「あの爺さんがいつ死ぬのか気になって、もっと言えば、死んだ後に腐ったり、骨が見えたりするのを見たくて仕方ないって気持ちになってた。いや、今の俺なら助けるよ、それはもちろんそう」

退屈に押しつぶされそうだった夏の日々に一筋射した光明、T少年はそれから毎日小屋通いをし、老人が死んでしまうのを今か今かと待った。

「これがなかなか死なないんだ、夜に雨が降った次の日に、さすがにもう死んだかなと思って覗いてみたら、堪えた様子もなく同じ姿勢で首捻ったりしててさ」

そういうものなのだろうか？　あの体の様子では立って歩くこともままなるまい、もう何日も食べていないだろうに、まだ死ないのだろうか？　T少年もまた、首を捻りながら老人の観察を続けた。

「それでまぁ、夏休みも終盤に差し掛かった頃に、ちょっと我慢できなくなってね、早く死ねじゃないけど、毎日同じ様子ではこっちも面白くないから」

その日、T少年は手に取った小石を衰弱した老人に投げつけた。

けれども石は老人に当たらず、俯いている彼のちょうど目の前に転がっていく。

すると――。


「餅《もち》を食うかも知れない」


転がった石を見つめ、老人は確かにそう言ったとT氏は言う。

「変な声でね、猫がケツで鳴いたみたいな……そうだなぁ、雅楽器ってあるでしょ？　あれの音色みたいな声、あんな死にそうなのに、よくもそんな声出せたなっていう」

声も妙だが内容も妙だ、餅を食わせろというのなら話はわかるが、食うか食わないかわからないようなもの言いは困る、それに正月ならまだしも餅など家に帰っても無い。

「念のため『餅じゃなきゃダメ？』って遠巻きに訊いてみたんだけど、ぜんぜん反応なくてね、なんか声も変だったたし、気味悪くなったたからその日は帰ったんだ」


あくる日、T少年は勤めに出る両親を見送った後、祖父母の目を盗んで台所に入ると、炊飯器に残った米を使っておにぎりを作った。

「いや、餅はないけど、米はあったから」

家を飛び出し小屋に向かう、老人は例の如く俯いている。

声もかけず、少し離れた距離からアルミホイルで包んだ飯を転がす。

「完全に無視、腹減ってるんなら食うところが見られるかも知れないと思って、しばらく粘ったけど、手すら付けなかった」

あるいは昨日のように、妙な鼻声で注文が付くかとも思ったが、それもなかった。

やはり餅でなければダメなのか、でもそれすら食べるかどうかハッキリしないのだ。

せっかくおにぎりを作ってきた自分の気持ちをないがしろにされ、腐ったような気持ちになったT少年が家に帰るべく老人に背を向けると、目の前に祖父が立っていた。

「何やってんだ？」

問われ、口ごもる。

後ろには、瀕死の老人がいる。

「何やってんだって」

いささか怒気《どき》を孕《はら》んだような声でT少年に問いかけながら、祖父は彼の後ろに回り込むと、孫が放ったおにぎりを拾い上げた。

——え？

祖父の動きを追いながら、振り返ったT少年は明らかな異変に気付く。

「ついさっきまで、後ろで俯いてた爺さんが跡形も無く消えてた」

俯き座っていた辺りには、大きめの石が地面から頭を出すように鎮座しているのみ。

「ガキの時分から食い物粗末にしやがって」

そう言って、祖父は容赦なくT少年にげんこつを振るった。

祖父は、孫がなにやら台所でコソコソしているのに気付き、おにぎりを持って山に向かうその後ろをついて来ていた。何をするのか見ていれば、廃神社の裏手にまわり、なぜか地面に飯を転がすと、真剣な顔で身じろぎもせずじっとしている。自分の孫とはいえ、余りにも意味不明なその光景に気圧《けお》され、つい強く出てしまったのだと後に語った。

「だからさ、祖父さんはあの死にそうな爺を見ていないんだ」

状況を説明しようにも、肝心要のその存在が居ないのでは話にならない。

「俺があの爺さんに背を向けた時、うちの祖父さんはもう俺の方を見ていたんだから、逃げたとかそう言うわけじゃないと思うんだよね、そこに居ないモノが、俺にだけ見えていたっていうことなのかな」

祖父によれば、T少年が通っていたのは古い峠道で、ずっと昔は人の往来が多くあり、峠越えの祈願を例の神社で行っていたらしい。

つまりT少年は既に廃されたその場所で、あの老人を目撃していたということになる。

「いや、結果として祟られたとか呪われたとか、そういう話は無いよ。毒にも薬にもならない話で悪いんだけど」

T家においては当時もちろん議論になったが、T少年が状況を上手く説明できなかったこともあり、最終的にキツネかタヌキにでも化かされたのだという話になった。

祖父に至ってはその後、酒宴などのたび「握り飯を転がし、そののちに神妙な顔をする孫」の様子を演じて笑いをとっていたとのこと。

「今でも、あの時もし餅を持って行ってたらどうなったのかと考えることはある。食ったのか食わなかったのか、もし食ってたら何が起こったんだろうね」

現在、廃神社は既に跡形も無いという。

知らせ

Oさんの家では、虫の知らせとして、鏡が漆喰《しっくい》を塗ったように白くなるという。

一瞬のできごとであり、すぐ元通りになるらしいのだが、家族の誰かがそれを目撃すると、その日のうちに、必ず近しい人間の訃報が届く。

どの鏡が白くなるという決まりはないものの、使用頻度の高さもあって、洗面所の鏡がそうなるのを目撃されることが多いとのこと。

ある朝、彼女の父が白くなった鏡を見たようで、母親に、喪服をクリーニングに出しておいて欲しいと頼んで仕事に行った。

亡くなったのは、その父だったそうだ。

ちくわを食わされる

高校一年生のT君から伺った体験談。

「小五の頃の話なんで、五年前っすね」

その日、学校から帰って夕方、習い事に行くために歩いていると、近所の空き地に、冷蔵庫、洗濯機、タンス、テレビ、ラック、椅子、テーブル等々、家財道具一式がまとめて置いてあった。

「何日か前に通りかかった時はなかったんで、捨てられて一日とか、そんぐらいだったのかなぁ。もうゴミだったんでしょうけど、ゴミらしくないというか、使おうと思えば使えそうなモノばかりのように見えました」

道草を食うのはいつものことだったので、T君はそれらに駆け寄ると近くで眺めた。

「どこん家の家具なんだろうなと、考えたってわかるわけないんですけど」

なんとなく珍しい気がして面白がって見ているうち、それに気付いた。

「捨てられてたテーブルの上に、ちくわが一本置いてあって」

冷蔵庫から取り出してすぐといった風情で、堂々と皿にのっている。

突然の存在感に虚を突かれ、一瞬たじろいだのだが、気が付けば口に入れていた。

「自分でもわかんないっすね、拾い食いなんて普通しないんで」

うまそうだったとか、もともとちくわが好きだったというわけでもなく、本当に気が付いたら食べていたということらしい。

「最初『うわ、ちくわだ』と思うじゃないですか？　そして次に『なんでちくわ？』ってなりますよね？　俺もそうだったんです、ただ、その次が『これ、味がしねえ』だったんで、そもそも食うかどうかの判断自体が無かったように思います、あったから口に入れたっていう」

それはパサパサしており、何の味も無く、食べ物のようではなかったと語る。

「口の中で噛んでいるうちに『なんで俺こんなの食ってんだろう』って、意味わかんなくて」

オエッとえずきはじめたT君に、状況は更なる追い打ちをかけた。

「見たら、また皿の上にちくわがのってたんです、今食ったばかりなのに」

彼の手には、半分齧られたちくわ。

皿の上には完全なちくわ。

もちろんそれを補充するような人間は周りに誰もいない。

「ヤベぇと思って、また食わされるんじゃないかみたいな怖さがあって、逃げました」

自分で食べておきながら、しかし彼はそれを「食わされた」と考えているらしい。

無意識での行為の責任を、自分以外の何かに負わせようとしているのだ。

「そうじゃないっすよ、絶対変でしょだって、まずちくわがあるのがあり得ないし、それがわんこそばみたいに足されてるのもおかしいし、どっから出てきたんですかちくわ、あと、そんなのなんで食べたんですか、俺は」

確かに謎だらけではある、それ故、彼はこの一件を霊体験の一種と捉えているそうだ。

「無人の自転車が走ってたとか、そこに無いはずのものがあったとか、そういう怪談をネットで見たので、ちくわの幽霊だってあると思うんすよ」

そもそも自転車等の無機物と違い、ちくわは魚を加工したものであり、もし幽霊として出るのなら加工される前の姿で現れるのではないだろうか？

「わかんないですけど、ちくわを作った人の気持ちとか、そういうのが幽霊の元になったっておかしくないですよね？」

どうだろう、おかしいかおかしくないかで言えば全部おかしいのだが、面白いか面白くないかで言えば抜群に面白いと思う。

「面白いって言われると微妙です、これまでこの話をして笑われたことはあっても、怖いって言ってくれた人はいなかったんで、でも俺は怖いですよ、あん時のちくわの感触とか噛んでる時の味のなさとか、まだ覚えてるんで」

真剣な表情でそう語った彼を前に、思い切り噴き出してしまい、本気で謝罪した。

妙な話ばかりを集めていると、どこか慣れが生じ、個々の体験をある類型に落とし込んで考える癖ができてしまう。そのため、こちらの意表をついた話を伺うと本当にうれしくなってしまうのだ。

決してT君の体験をけなしたわけではなく、うれしさから来る笑いだったことを追記しておきたい。

近所付き合い

「遠洋船で賄《まかな》いやってたとかで、うん、料理は素人じゃないからなんて、自信満々で刺身だの煮物だの持ってくるんだけどね、不潔な格好してるし、家の中はごちゃごちゃでゴミ屋敷みたいになってたから、まぁ食べ物もらっても食べないよね、そういう人からは。近所付き合いだから、笑顔で貰って捨ててたんだけど。うん、この間、火事おこしちゃってね、その爺さん、それで亡くなっちゃったんだよ。奥さん子供に逃げられてるから身寄りも無くて、市の職員が世話したみたいだけどね、葬儀とか、簡単なやつ。そんでその後から、飯時になるとうちの呼び鈴が鳴るんだ、それで出てみると誰もいない。何か焦げ臭かったなんてね、ドア開けたらさ、女房がそんなこと言うもんで、うん、ドアの前にセンサーライトつけて、夜の間はそのセンサーが光った時だけ呼び鈴に出るようにしてる」

紐

去年の夏、H氏の四歳になる娘が、妙な歌を歌いだした。

「『○○町〜○番地の二』って、なんかそれっぽく歌ってるので」

ローカルで流れているコマーシャルソングか何かだろうか？　奥さんに確認してみたところ、そんなCMに覚えはなく、ここ数日、急に歌い出したので自分も不思議に思っているとのことだった。

「保育所かなんかで流行ってるのかなぁ、と思ってたんですが」

数日後、娘を迎えに行った際、保母さんから「○○ちゃん、最近、変わった歌を歌ってるんですが、習い事かなにかですか？」と訊ねられた。

話によれば、保育所でもたびたび、嬉しそうに口ずさんでいるらしい。

「ええ？　何なの？　ってなりますよね」

何の歌なのかはわからないが、内容からいって地名のようだ。

H氏は、娘の歌っている場所を、スマホで検索してみた。

「そしたら実際にあるんですよね、○○町○番地の二っていう場所」

しかも、その土地は奥さんの出身県にあった。

「なので、嫁に聞いたんですよ、○○町って、○○県にあるんだけど知ってる？　って」

奥さんからは、市の名前は知っているし行ったこともあるが、町名までは知らないし番地なんてなおさらわからない、との返答。

「嫁の出身市はその県の北の端で、○○町のある市は南の端なんで、そりゃそうかと」

ちょうどよく八月を迎えたばかりだったため、お盆に帰省した際、ついでに寄ってみようとH氏は考えた。

「何か気になるじゃないですか？　つってもまぁ、半分暇つぶしですよね、せっかく遠出するんだしと」


お盆、二泊の予定で奥さんの地元にやってきたH氏は、二日目の朝に娘を連れて○○町のある市へ向かった。

「嫁は同級生と会う予定が入ったっていうので、じゃあ俺らはちょっくら行ってくるわって感じで、体よく嫁実家を抜け出したんです」

高速道路を走ること二時間と少しで目的地に到着。

「スマホで検索した段階で知ってはいたんですけど、ただの有料駐車場でした」

とりあえず写真でも撮っておくかとH氏は駐車場に車を停め、娘を車から降ろしたのだが、地面に足を着けると同時に、愛娘はタタタッと走り出した。

駐車場は閑散としており、殆ど車は停まっていなかったものの、何かあっては大変だと、慌てて娘を追いかけるH氏。

「そしたら娘が、駐車場を囲んでいるフェンスのところで立ち止まったんですね」

その場で、満面の笑みを浮かべ、嬉しそうに何かを見ている。

「なになに、どうしたの？　って、近づいたら」

娘は、フェンスのある部分を指差し「解いて」と言った。

見ると、小さな指の先、緑色のフェンスの真ん中に、紐が結わえられてある。

「なんだろう、高級そうな紐なんですよ、和装なんかに使うような。それがちょっと複雑っていうか、綺麗に結んであるんです」

娘は笑顔を崩さず、じっとH氏を見つめ、もう一度「解いて」と言う。

確かに笑顔は笑顔なのだが、いつも元気にはしゃいでいる時のそれとは違い、どこか妖艶な雰囲気さえ漂わせながら、娘は更に「解いて」と続けた。

「え、って。車から降りて一直線に走った先でしたし、まるで最初から、ここにこういう紐があることを知っててでもいるような流れだったので……」

考えてみれば、娘が地名を歌い出したこと自体が妙なのだ。

買い物途中など、どこかで耳にした内容を聞き覚えて繰り返しているだけかとも思ったが、実際その土地は歌にするような特別な場所ではなく、単なる駐車場。

その上で、着いて直ぐのこのリアクションは、やはりおかしい。

目の前にいるのは間違いなく実の娘、しかし、まるでキツネにつままれてでもいるかのようなこの感じは何なのだろう。

H氏は、果たして目の前の紐を解いていいのかどうか考え込んでしまった。

「突然不安になったというか、どうしたものかと」

すると、そんな父親の様子を見て取ったのか、娘は小首をかしげ、ちょいちょいと可愛らしく手招きをした。

何か言いたいことでもあるのかと娘の顔の前に耳を近づけると――。

――解いて。

囁かれたそれは、どう考えても四歳児とは思えぬ声色。

その異常に甘やかな、体がしびれるような声を聞いた瞬間、H氏は娘を抱きかかえ、車に向かって全力で走った。

「あれは色んな意味でヤバかった、おかしかった。頭の中を持って行かれそうになったのを、なんとかして堪えた感じでした、反射的に娘を抱きかかえたんです」

車に乗り込むと、H氏は子供用の番組を車内のテレビで何回もリピートしつつ、奥さんの実家に逃げ帰った。

「何から逃げたのかわかんないですけど、もう二度とあそこには連れて行かないし、俺一人でも行かないと思います」

盆が終わり、帰って来た自宅でH氏が恐る恐る「○○町〜○番地の二」と歌ってみたところ、それを聞いた娘はものすごく嫌そうな顔をし、プイッと顔をそむけた。

あの日以降、今のところ、H氏が娘の妙な歌を聞いたことはないそうだ。

納得の通夜

二十代の女性、Rさんから伺った話。

夏、夕方六時を大分回った時間帯。

「いつも通りに、いつもの道を歩いて、会社から自宅へ帰っていました」

遠くから切れ切れに響いてくる蝉《せみ》の声を耳にしながら、見知った町並みを進む。

「一人暮らしなんで、急ぐ理由もないですからね。夏だなあって思いながら、ゆっくりゆっくり、どこを見るでもなく、何を考えるわけでもなく」

彼女の住んでいるアパートは、古い住宅が並ぶ緩く長い坂の上にある。

日暮れ時、夕闇が迫る中、間延びした勾配を上っていく。

「当たり前の、どこにでもありそうな田舎町です。これといって面白いこともなく、危険な目にあうようなこともなく、だいたい普通っていう」

平和な町の安穏とした坂、その中腹に差し掛かった時だった。

「子供が調子に乗っているような、うるさい声が聞こえてきて」

おや？　と思い騒がしい方へ視線を向けると、一軒家の庭先に子供の気配。

「何人ぐらいだったのかな、暗くなってきていたので確かなことは言えないですが、五人以上はいたんじゃないかと思います」

日落ちとともに陰りゆく庭を、子供たちのシルエットが駆けまわっている。

「まぁ、楽しそうではあったんですが」

Rさんは毎日の道すがら、見事に手入れされたその庭の様子を見知っている。

洋風のガーデニングを施しているのは、仲の良さそうな老夫婦だったはず。

「これ、花壇とか滅茶苦茶になってるんじゃないのかなと」

盆の時期は過ぎているものの、あるいは孫でもやってきているのかもしれない。

それにしても、子供の遊びとはいえ度が過ぎていやしないか。

「遊ぶっていうより、まるでわざと庭を滅茶苦茶にしているような動きぶりでした」

家からは薄っすらと明かりが漏れている、大人は注意しないのだろうか？

もちろん他人の家のことではあるのだが、四季の折々に目を楽しませてくれていた庭が、目の前で荒らされている様子は胸が痛んだ。

「私が口を挟むようなことではないですし、持ち主がそれを許しているのであれば、仕方のないことなのはそうなんですけどね、なんかなぁって」

ため息をつき、気を取り直したRさんが歩き出そうとしたところ――。

「子供たちの動きが、ピタッと止まったんです」

思わず二度見、さっきまでの楽し気な笑い声も止んでいる。

「急になんだろうと思って……」

足を止め様子をうかがっていると、子供たちは姿勢を正し綺麗に整列しだした。

「まるで目の前を誰かが通り過ぎてでもいるかのように」

さっきまでは暴れ回る猿のようだった彼らが、訓練された執事のように優雅な動作で、うやうやしく頭を下げている。

「でも頭を下げられている人はいないんです、誰もいない空間に礼をして、それで……」

そのまま、子供たちは影絵のように夜の闇に飲まれ消えてしまった。

Ｒさんは自分の目を疑い、何度も確認したが、ひっそりと静まり返った庭に人影はなく、聞こえてくるのは夏虫の鳴き声のみ。

「一人でいるのに耐えられなくて、すぐに友達に電話をしました」

足早にその場を離れながら、ことのあらましを友人に説明すると、電話の向こうからは「なに？　ドッキリかなんか？　大丈夫？」などと当たり前の反応が返ってきた。

多分、大丈夫じゃない、自覚はなかったけれど、脳か精神が妙なことになっている可能性が高い、場合によっては専門の病院へ行くことも考えなければならない。

「電話の途中からすごく悲しくなったのを覚えています。変なのを見てしまった以上、もう私はどうにかなっちゃってるわけで、話していても〝あっち側とこっち側〟みたいな距離を感じて、胸が一杯になって」

帰宅後、不安に抗《あらが》うように明るい音楽をかけ、できるだけ部屋を明るくしたまま、なんとかその夜をやり過ごした。

次の日、目覚めた彼女は自身の体調を確認し、恐る恐る家を出た。

徒歩通勤をしているため、どうしても例の庭の前を通らなければならない。

「見ないように早足で通り過ぎようかとも思ったんですが、それはそれで不安で」

できるだけ意識しないように、何の気なしを装って、結局見た。

庭は、いつも通り綺麗に整えられており、荒らされた様子はない。

「うん、そうだよね、私の頭の中の出来事だもんね、って、また悲しくなって」

涙を堪えながら出社し、一生懸命仕事に取組み、終業時間。

「普通ってありがたいなと、いつも通りの職場で、いつも通りの人たちに会っているうちは、なんだか安心できたんです」

そして帰り道、緩い坂の中腹にさしかかる。

例の庭は、その日も騒がしかった。

子供たちが騒いでいたわけではない、喪服を着た人たちが何人も出たり入ったりしており、玄関前に用意された長机には「受付」の文字、通夜である。

「それで『あぁ』って」

腑《ふ》に落ちた。

昨日の妙な子供たちは、この家の亡くなった誰かに関わる何かだったのだ。

死の前触れ、予兆、それをたまたま自分が目撃してしまった、つまり。

「アレは多分、本当にあったことなんですよ」

そう思えたことで、前日からの緊張が一気に緩んだと彼女は言う。

突拍子もないものを見はしたが、それにもっともらしい理由がついた。

「自分がどうにかしちゃったわけではなく、この世に変なできごとがあるってだけの話なんじゃないかなって、偶然それを見ちゃったのは、事故みたいなもので」

それが脳や精神のエラーによる産物だとすれば、自覚なしに自分自身のコントロールを失っていることになり不安を生むが、しかし、単に在るものを見たのであれば話は違う、彼女はそういうことを力説した。

「でも、結局アレがなんだったのかはわからないままです、なんなんですかね？」

役目の終わり

地方の個人病院に勤めるベテラン看護師長Sさんから伺った話。

「そう『たすけて～』って聞こえるの。こっちとしても患者さんがそんなこと叫んでるなら飛んでいかなくちゃならないでしょう、だから声のした方に走っていくんだけど、そんなこと叫んでる患者さんいないの、どこにも」

それは、彼女が看護学生として、その病院に勤め始めて間もなく聞こえて来た声。

「勘違いとか確認ミスとかじゃないのよ、何度も何度も聞こえてくるんだから。入院している患者さんにも、同僚の看護師たちにも殆ど聞こえないみたいなんだけどね。私が四十何年勤めてきて、聞こえてたのは三人だけ、みんな優秀な看護師でね」

自画自賛じゃないよ、とおどけつつ、Sさんは続ける。

「当時は目が回るほど忙しかったし、若かったといっても疲労が蓄積していたのは確か。今は全部ディスポ（使い捨て）になったけれど、注射針もシリンジも滅菌した上で何度も使うものだったし、綿球だって脱脂綿丸めて手作りしてたからね、そんな時代もあったんだよ」

だからといって、疲労による幻聴ではなかったと彼女は言う。

「でも、じゃあなんだったんだろうね。晴れた日に、屋上で洗濯物を干してたら『たすけて〜』って、呑気な感じで聞こえた時には笑ったな。こっちはすっかり慣れちゃって、患者さんの叫びなのかどうかすぐにわかるまでになって」

声は、苦しんで叫んでいるというより、イタズラのそれに近かったとのこと、

「二十代の頃が一番よく聞こえていたかもしれない、それが三十代、四十代とだんだん聞こえなくなってきて、あれ？　あの声どこにいっちゃったんだろうって、心配してしまうぐらいの感じになって」

声のする頻度が減るごとに、病院の勢いも衰えていったらしい。

「昔は、うちの病院、開頭もしたし、お腹も開けたし、整形外科的な手術まで何でもやったんだよ。大学から色んな先生が来てさ。先生もナースも、患者さんも皆若くてね。そ

れがだんだん、みんな齢《とし》とって、患者さんも齢とって、医療の形も変わってね」

今では老老看護だよと笑いながら、Ｓさんはその窮状を訴えた。

「百床以上の病院でも経営が難しい時代に、今やうちは四十床が限界、患者さんも全員オムツ交換が必要な高齢者。昔に比べれば儲けなんて殆どないよね、新しい人材だってそんなところに入って来ないから、あの頃若かったみんな、定年してもまだ働き続けてるよ」

一番の若手が四十代だというから相当な看護師不足だ。

「もうあの『たすけて～』も聞こえなくなっちゃった。十年ぐらい前かな、最後に聞いたのは……もはや、そういったモノたちも私たちを頼らなくなったのかも知れないね。情けないけど齢には勝てないもんなぁ」

院長先生も既に八十近くになり、そろそろ閉院もみえてきたという。

「うちの病院はもう、社会的な役目を終えたってことなのかも。時代の流れだから仕方ないね。まぁ、私が人生捧げた職場は、お化けだって助けを求めに来るぐらいのところだったんだぞって、胸張ることにするかな。あいつら、今はどんな病院で叫んでるんだろうねぇ」

Sさんは遠い目をして、懐かしそうにそう語った。

混合供養

ろくでもない父親だった、と吐き捨てるようにN氏は語り始めた。

「俺らが子供の頃からマトモに働いていたことなんか一度もなくて、毎日毎日、酔っぱらっては暴れるだけの、ほんとクズでしたよ」

N氏は三人兄弟の長男、下には妹と弟がいる。

「全員年子でね、一歳ずつしか違わないんで、服も文房具も自分のものなんて一つもないんです、全部共用、妹なんかは男物の服を着せられるから、それが原因でイジメにあったりもして、惨めでしたね」

母親のパートと、父方の祖父母からの援助によって、かろうじて食いつないでいくのが精一杯という日々、しかしそんな中でも、父親は金が無くなれば母親から強引にそれを奪い、ある時は子供たちに与えられた幾ばくかのお年玉すら毟《むし》っていったそうだ。

「早く死んでくれないかなって、それだけです、俺も妹も弟も、母も祖父母も、あのクソが早く死んでくれればと、ずっと願っていたと思います」

願いが通じたのか、父親は四十代で肝臓《かんぞう》を壊すと、あれよあれよという間に痩せ細り、最後には文字通り右も左もわからない廃人のようになった挙句、亡くなった。

「肝臓がダメになっていたのに、ろくに病院にも行かなかったから、黄疸のせいだったんでしょう、全身が真っ黄っ黄でね、死ぬと、それが緑色になるんですよ『わぁ色が変わってる』なんて言い合って、ちょっと笑いました」

やっと訪れた平穏な日々での初笑いは、父親の亡骸《なきがら》を囲んでのものだった。

その死から数年、既に成人し、地元を離れていたN氏は、ある時から毎日毎日、同じ夢を見るようになった。

「死んだクソ親父がね、グズグズに崩れた人間にしがみ付かれながら『助けて助けて』と、俺に言ってくるんです。毎日立て続けでしたから参りました。多分アレは地獄に落ちたんだなって、助けを乞《こ》う前に謝れよと、そんなことを思っているうちに、いつの間にか見なくなったんですが、内容がやけにリアルで、今でも覚えてるんです」

それから更に何年かが過ぎ、ずっと援助をしてくれていた父方の祖父が亡くなった。

晩年は、成長した孫の顔を見るたびに、手を握って「申し訳ない」と繰り返しながら涙を流していたという祖父を、N兄弟は手厚く弔った。

「クソ親父のせいで、父方の親戚連中には縁を切られていたので、葬儀は俺等兄妹と母と祖母だけで挙げました。母は施設育ちで、もともと頼れる身内がいないんです」

その日、寺での葬式を終え、先祖代々の墓に祖父の遺骨を納めようと墓石を動かしたN氏は、潜り込んだ納骨室の中で、ある異変に気付いた。

「墓の中にはあのクソの遺骨も納まっているんですが……」

その父親の骨壺が、おかしいことになっていた。

「名前のない、誰のものかもわからない骨壺が、親父の骨壺にくっ付いていたんです」

父親の骨壺と形の違う小ぶりな骨壺が、金属製のワイヤーのようなものでグルグル巻きにしっかりと固定されており、外せなくなっていた。

「グルグル巻きって言っても、まるで職人のそれのようなキレイな仕事で」

一体どういうことなのか、その場にいた家族全員が息を飲んだ。

「まぁ、鍵が付いているわけじゃないですからね、墓場なんてお盆でもなければ人が集うこともないですし、誰かが人の目を盗んでやったことなんでしょうけれど」

しかし理由がわからない、恐る恐る知らない骨壺を開けてみたが中は空っぽ。

「ただ、その時、親父の骨壺も開けてみたんですが……ああ、まぁその話はいいか」

祖母と母は、何だか心当たりでもあるような顔をしていたそうだが、N兄妹は深く追求しなかった。

「あのクソの骨なんてどうでもいいんでね、墓が壊されてたとか言うのならまだしも、丁寧に結わえてあったわけで、なんとなく察したんですよ。これも多分、クソが生前にしでかした何事かの落とし前なんだろうなって」

結局この件は、その場でN家の面々によって黙殺されることとなった。

そのため、父親の骨壺は、今も墓の下で知らない骨壺に結わえられたまま。


「墓から帰って、家で一休みしてたら、妹が『お兄ちゃん、私、しばらく前に変な夢を見てさ』と言ってきました」

妹によれば、夢の中で、父親はなんだか変な形になっており、しきりに「取ってくれ、取ってくれ」と懇願し続けていたそうだ。

すると、隣にいた弟が「それ、いつの話？」と妹に質問した。

聞けば弟も、数年前に父親に関する夢を見ており、その夢では、背中から手足を、頭には知らない子供の顔を生やした父親が、赤子の声で泣き叫んでいたという。

妹も弟もある時期、毎晩のようにそれらの夢を見ていたが、自分の父親は地獄に落ちたのだ、と納得していたら、そのうちに見ることもなくなったとのこと。

「その時期が、俺がクソ親父の夢を見ていた時と殆ど重なってたんです、それで『あぁ』って、多分、あの骨壺と無関係じゃないんだろうなと思ったんですよね」

以来、どんな形であれ、父親の夢を見たことはないとN氏は言った。

髪狂い

Aさんは二四歳の時、婚約者に死なれた。

三年程の交際期間のうち、最後の一年は半同棲生活をしており、資金が貯まり次第、結婚式を挙げようという段階での自殺だった。自分のマンションで首を吊っていた彼を最初に発見したのはAさんで、当然のことながら非常に狼狽した。

通報、事情聴取、連絡、説明、彼の親への弁明、弁明、弁明、葬儀、という一連に流されるまま対応し、すべてが終わった後、気付けば遺髪を握ってアパートで泣いていたという。

何もする気が起きず、勤めていた会社も辞め、引き籠った。

二人の関係は良好だった、少なくともAさんはそう思っていたし、彼が死んでしまった理由など見当もつかなかった。あるいはその程度の関係性でしかなかったのかと自分を責め、それにしてもあんまりだと死んだ彼を責め、怒り、泣き、やり場のない思いをどうにかしようと試みるも、どうにもできなかった。

両親と折り合いが悪く、高校卒業後は二度と帰るまいと決め実家を出た彼女にとって、彼と家庭を築くことは生きていく上での希望そのものだった。

どうして死んでしまったのか、その理由が知りたかった。自分が悪かったのだろうか、だったら何が悪かったのか、一言もないまま逝ってしまった彼と、もう一度だけ話したい、なぜ死んだのか、どうしてなのか。

家から一歩も出ず、冷蔵庫の中にあったものや買い置きのインスタント食品などを少しだけ食べ、水を飲み、寝る、そんな生活を二週間続けた後、彼女はある考えに至った。

――彼の魂を自分の体に降ろそう。

東北に生まれ育ったAさんにとって、イタコなど口寄せ巫女《みこ》の話はこれまで何度も耳にしてきたものだった。死者の霊をその身に憑依《ひょうい》させるという特異技能者の存在、見たことはないが、そういったことが事実なのであれば、死んだ彼と対話することも可能かもしれない。

もっとも、この場合、依《よ》り代《しろ》となるのはAさん自身であり、いわゆる口寄せによって第三者として会話する形式はとれないのだが、彼女はそんなことお構いなしに、彼との邂逅を果たすべく、勢いにまかせスマホで情報を収集しはじめた。

結果、イタコになるためには幼いうちからの何年にも及ぶ厳しい修行をクリアしなければならないと知った。しかし彼に会いたい一心の彼女はそれを自分なりに還元し、いわばオルタナティブイタコ修行とでも言うべきものを再構成した。

彼女が試みようとしたのは、イタコのイニシエーションとも言える「神降ろし」の儀式、ネットで読み齧っただけのそれを、自分の勝手な解釈のもとに断行した。

Aさんの解釈は、穀断《こくだ》ち塩断ちなどの断ち行や水垢離《みずごり》などは「自分を心身ともに衰弱させること」であり、盲目の巫女のそれは「目隠し」をすれば事足り、儀式で唱える祭文や真言などは彼の好きだった「アーティストの音楽」に置き換えが可能というもの。

後は一心不乱に死者のことを思い続けることによってそれは達成されるはず。

当時を振り返り、さすがに滅茶苦茶だったとAさんは自嘲したが、精神的に不安定だった頃の彼女にとって、その閃きは心の拠り所になった。

とにかく、どうして自殺したのか知りたかった。

それから彼女は部屋のカーテンを閉め切った上、日常の大部分を目隠しで過ごし、水しか口にせず、朝昼晩と日に三回、体の感覚がなくなるまで風呂場で水を浴び、大音量のヘッドフォンで彼が好きだったアーティストの曲を聞き続けた、手には彼の遺髪、もちろん常に彼のことを思い続けながら。

緩慢な自殺行為だという自覚はあったらしい、ただ、もし自殺した彼の霊魂があるのなら、そんな自分を放っておくはずがない、彼に少しでも罪悪感があれば、それを詫びるために何某《なにがし》かのアクションを起こして来るはずだという一念が彼女を奇行に駆り立てていた。

既に二週間まともな食事を摂っていなかったのにもかかわらず、これらの行為によって彼女が極端に衰弱するまで一週間程を要した。

全身が痩せ、頬はこけ、髪の毛がパラパラと落ちるようになっていたその日、彼女は強い倦怠感の中で「背中に緑色の冷たい棒」が入ってきた感覚と共に、すべてのことが許されたような恍惚を味わい、やがて我に返った。

彼との対話は実現しなかった。しかしその経験を境に、自死によって背負わされた罪の意識と苦しみを、大きな心で包摂《ほうせつ》できるようになったと彼女は語る。

生まれ変わったような心境でベッドから体を起こすと、突然の吐き気に襲われた。

まるで喉からタワシが這い出てくるような不快感と共に出てきたそれは、肌身離さず手にしていた彼の遺髪だった。

噛み狂い

「ええ、そうです、どのタイミングでだったのかわからないんですが、私、彼の遺髪を食べちゃってたんですよね。紙に包んで先っぽだけ出して頻繁に触っていたのは覚えているんです、でも、口に入れた覚えはなくて、まぁ、どうかしていた時期でしたので、無意識での行動だったのかなとは思います」

「ただ、あの『緑の冷たい棒』が背中に入ってきた瞬間って、もしかすると私が彼の遺髪をするなり食べるなりしていた時と重なるのかなと、そうであれば、あの『緑の冷たい棒』があるいは彼の霊だったりしたのかなと、当時は、そういう風に考えたりもしました。もちろん私の勝手な思い込みですが」

「ご想像の通り、その後は大変でした。自分が滅茶苦茶してたことに気付いたまでは良かったんですけど、ご飯もずっと食べてなかったし、他にも色々やっていたせいで体が酷いことになっていて。病院受診も考えましたが、仕事を辞めてからすぐに引き籠ったので健康保険の手続きとか全然やってなくて、とりあえず自分でなんとかしようと」

「お米の残りで、おかゆというか重湯ですね、あれを作って、舐めるぐらいです最初は。ゴクンって飲めないんですよ、気持ち悪くて戻しちゃうので、ちょっとずつ。それを作るのも一苦労で、フラフラするからガスコンロの前に椅子を置いて座りながらやってました。ギリギリですよね、鳥ガラみたいになってましたから、全身が」

「でも不思議なことに精神的にはすごく元気なんです、それまでずっと落ち込んでいて真っ暗な状態だったところに一気に光が射したようで、それが嬉しくて嬉しくて、そのイメージをするだけで涙が出るっていう。ええ、だからまだ、大分おかしいんですよ、昨日の今日で何もかも当たり前になんて戻らないんです」

「それで、何日目かなあ、少し別なものを食べようかなと思って、買い物に行こうとしたら怖くて外に出られないんですね、一ヶ月以上引き籠ってたのもあるし、自分の見た目が気になっていたのもあって……仕方ないので通販で頼んで、届くまで数日はかかりますけど、それは仕方ない、少しずつ少しずつという感じで」

「食欲はあっても体が受け付けないっていう状態が二週間ぐらい続いて。食べないと死んでしまうとは思っていたので、それでもなんとか、スポーツドリンクとか飲みながら凌いで、大丈夫そうって思うまで、もう少しかかりました。なのでその間はずっと横になってるか、座ってるかで。最初は座ってる状態をキープするのもしんどかったです」

「膝とか足首とかの関節が痛かったのと、立ち眩《くら》みみたいな眩暈《めまい》と、あとは生理が止まりましたね。今考えるとそんなになるまでよく自分を追い込んだなと思いますよ。死に向かう時って時間の流れが速いんですね、どうせダメなら死のうっていう思いがあると、苦痛が苦痛じゃなくなるんです、そのまま突っ切ってしまえっていう高揚感すらあって」

「生きようとする場合はその逆で、一日がものすごく長い上に、何をやろうにもしんどいんです。もっとおかしかった時期には膝痛いとか思わなかったし、眩暈がして立てなくても笑ってたんですよ、ヤケクソって怖いなと思います。その時の負債みたいなものが一気にのしかかってきたので辛かった、危ない時期でしたね」

「うん、危なかった、その頃に私、色んなものを噛むようになって、お箸とかストローならまだいいんですけど、本とか、テレビのリモコンとか、そういうものまで知らず知らずに噛んでたんです。思うように食べられないからかなぁって、噛むっていうこと自体もなかなか大変だったので、リハビリにはなったんですが……」

「ある晩、フーフー言いながら自分の腕を噛んでいる途中で目が覚めました、結構強めに噛んでいて、腕が内出血してて……寝惚《ねぼ》けていたにしては、やり過ぎだよなって……自覚としては良くなってきていたんです、少しずつ食べられるようにもなっていたし、体重も増えてきたし、抜け毛も減ってたし、ただ……」

「昼間も自分の体を噛むようになってしまって、自覚無いんですよ。痛いなって思ったらいつのまにか指とか、噛みやすい所を噛んでいて、そうなってからですね、自分だけでは限界があるかもしれないと思ったのは。良くなってる気はしていたけど、客観的なものじゃないし、まだアタマも元には戻ってないいんじゃないかなと」

「その次の日かな、何気なく裸で鏡の前に立ったら、お腹とか、肩とか、顎とか、全身に噛んだ痕が付いててて、どう考えても自分では噛めない位置じゃないですか？　ああ、これ幻覚かも知れないと、やっぱり一人でどうにかするの無理だわってなって、一気に力が抜けて、それで救急車を呼んだんです、どうしようもないから」

「けっこう大きい病院に連れて行って貰えて、診察前、色々聞かれてた時に、よれよれの服を着ていたので、首筋とか見えたんでしょうね、看護師さんから『この噛まれたような痕はどうしたんですか？』と言われたんです。ええ？　本当についてるの？　幻覚じゃなかったのって、怖くて、悲鳴をあげて、暴れて」

「気付いたらベッドの上で、ナースステーションから見える部屋だったので、私が起きたのを見て取った看護師さんが声をかけてくれて。はい、ＤＶを疑われてたみたいですね。全身に噛み痕があって、ガリガリに痩せてて、そのうえ錯乱したわけですから、普通はそう考えると思います」

「それから入院して、カウンセリングみたいなことも受けて、話したくないことは話さなくていいって言われたので、噛み痕のことには触れませんでした、説明のしようもないし、自分でもわからなかったし。ただ、入院中も夜中にせん妄？　って言うんですかね、頻繁にそんな状態で急に叫んだりしたみたいで、記憶にないんですけどね」

「考えていたよりも状態は酷かったみたいで、リハビリを含めて三ヶ月、病院にいました。常に人が周りにいたせいか、噛み癖も減ったし、夜中に叫んだりもしなくなりました。嫌だったけど親にも頼って、婚約者が自殺したことも含めて全部話して、そういうのが良かったのかなと思っているんですけどね」

「どうしてあんな無茶をやってしまったんだろうと考えることもありますが、あの時はああでもしないと、もっと簡単な方法で私も後を追っていたんじゃないかと思うんです。なので、ああいう体験をどうとらえたらいいのか、死にたいの裏返しには生きたいがあって、その逆も然《しか》りってことなのかな、ええ、今は落ち着いています」

かみぐるい

Aさんの話を伺っていた際「イタコよりもゴミソっぽいな」と思った。

ゴミソとは青森や秋田などに存在するシャーマンのことだ。

イタコの場合、盲目又は弱視の女性が師匠に弟子入りし、長く厳しい修行の末に技を継承、その上で師の許しを得て独り立ちするのだが、ゴミソには男女の別はなく、盲目であることも求められない、師匠も弟子も無く、各々の環境によって突然覚醒するタイプのシャーマンである。

ゴミソは「カミ」を自らに乗り移らせることで託宣を述べたり魔祓いを行ったりする。

イタコのように死者を降ろす「口寄せ」はしない。

よって、今回のAさんのケースの場合、そのあり様はゴミソのそれに近い。

自死した婚約者の霊を自らに降ろすべく、イタコのイニシエーションを真似た結果、

Aさんは図らずもゴミソ的な覚醒をしてしまったのではないだろうか。

すると、彼女が言う「緑の冷たい棒」とは、亡くなった婚約者の霊ではなく「カミ」と類される何かであったと考えることもできる。

自身の憑き神となったそれを自覚できず、振り回された結果、全身に噛み痕が付くようなことになったのだとすれば気の毒なことだ。

失礼を承知で「あなたに入ってきたものは、亡くなった婚約者の霊ではないのでは？」と訊ねたところ、Aさんは軽く微笑んで袖を引き、ちらりと左腕を見せてくれた。

そこには、生々しい歯形とそれに伴う内出血の痕がひとつ。

彼女は「今は落ち着いている」と語ってくれた。もちろんそれは精神的な意味でもそうなのだろうが、自らの「憑き神」が落ち着いているという意味もあったのかと、そのリアクションからなんとなく察した。

どうやら、年月を経て、Aさんはそれを制御する術を身に着けたらしい。

それ以上の質問を笑顔でかわし「何もいいことはないですよ」と呟きながら、彼女は自分の腕を愛おしそうに撫でた。

あとがき

春先にコロナウイルスのＰＣＲ検査を受けました。

クラスター化する恐れのある環境にいたらしく、保健所から連絡が来たのです。

ドライブスルー形式の検査会場で鼻から綿棒を突っ込まれ、涙目で帰宅しました。

幸い結果は陰性だったのですが、そこから先が困りました。


ここ数年、私は本に載せる怪談話は基本、対面にてお伺いしています。

根掘葉掘、話の筋には直接関係のないことにまで探りを入れてしまう性分で、そうなると電話や文章でのやり取りの場合、意図せず無礼な感じになってしまい、どうも角が立ってしまうきらいがあり、結果、お叱りを頂くことが多々あったためです。

そのへんをどうにか誤魔化したく、できるだけ直接お会いし、ニコニコ笑顔で向かい合って、食事やお酒、甘いモノなどをとりながら、という具合でやってきました。

ほんの数時間であっても、人と人が一つの場を共有して会話をするのは大切なことで、胸襟を開きやすくなるというか、勝手ながら、上手くいけば初対面の方とも友達のような心の距離感にまで近づくことができると思っているのです。

怪談話の取材には、こちらも自分の情報を開示し、あるいは相当恥ずかしい個人史まで喋った上でアプローチしないと出てこない奥行きというのが結構あって、私の場合、そこにテンションを持っていくにあたって、リモートでのコミュニケーションはかなりキツイんですね。

その後、継続的にお付き合いさせて頂けたり、あるいは他の体験者の方をご紹介頂いたりと、個々の体験者の方々と次に繋がっていく関係性を築ければこそ、何とかやってこれたのですが、その前提となる状況がガラリと変わりました。

つまりコロナの野郎のせいで、それができなくなってしまったのです。

検査後も二週間ほど毎朝検温をし、保健所から渡された用紙にそれを記入、発熱があったら即報告、というぐらいには社会的に警戒されていたわけで、そうなるともう身動きがとれない。

もちろん陰性だったわけですから、何気兼ねなく人と会えば良いようなものですけれど、一度そういう状況を体験すると、どうしても自分がウイルスを媒介してしまう可能性について自覚的にならざるを得ず、情けないことですがフットワークが鈍りました。

以上のような理由から、この本に載せる計画で了解を得ていた取材の予定を、一部いったん白紙に戻しました。


ですので本著には、その空白を埋めるべく、何年も前に取材を終えていたものの、個人的な理由から死蔵していたお話がかなり含まれています。

以前、執筆中に何の前触れもなく前歯が折れてしまった経験から、神社や神様関係のお話は何だか怖いような感じがしていて、内容は十分であっても、なかなか書き出せなかったものが結構ありました、また、お話を提供して頂いたものの、それをどうまとめるかで悩んでしまい、手を付けられなかったケースもいくつかあり、それらストックされていた体験談の数々に、たいへん助けられた格好です。

当時、お話をして下さった体験者の皆様、掲載が遅れてしまい申し訳ありませんでした、こちらの都合ばかりで恐縮ですが、改めて感謝いたします。

このコロナ禍が、社会に今後どのような影響をもたらすのか、今現在の状況を考えるに暗澹たる気持ちが拭えません。どうにか「古い生活様式」のまま暮らしていけるようにならないかなと、薄い願いを抱いております。

読者の皆様方も、それぞれの立場で辛い思いをなさっていらっしゃるかもしれませんね、何卒ご自愛下さい。またいつか。

二〇二〇年九月　小田イ輔

追伸

この度も本当に様々助けて頂いた担当編集N女史に感謝を！

そしてお忙しい中、最高のアドバイスを下さいました平山夢明先生に心のハグを！

怪談奇聞　噛ミ狂イ

2020年10月5日　初版第1刷発行

著者　小田イ輔
企画・編集　中西如（Studio DARA）
発行人　後藤明信
発行所　株式会社 竹書房
〒102-0072 東京都千代田区飯田橋2-7-3
電話03(3264)1576(代表)
電話03(3234)6208(編集)
http://www.takeshobo.co.jp
印刷所　中央精版印刷株式会社

定価はカバーに表示しています。
落丁・乱丁本の場合は竹書房までお問い合わせください。

ISBN978-4-8019-2407-9 C0193